D. E. HARDING

OM ATT INTE HA ETT HUVUD

Zen och återupptäckten av det uppenbara

THE SHOLLOND TRUST

För Virginia Parsell, Barbara Hopkinson och Gene Thursby.

Publicerad av The Shollond Trust 87B Cazenove Road London N16 6BB England

headexchange@gn.apc.org
www.headless.org

The Shollond Trust är en brittisk välgörenhetsorganisation, regnummer. 1059551

Copyright © The Shollond Trust 2025

ISBN 978-1-914316-57-9

Alla rättigheter förbehållna. Ingen del av denna bok får reproduceras i någon form eller av någon utan skriftligt tillstånd från redaktören.

Design och layout av rangsgraphics.com

Omslagsillustration av Victor Lunn-Rockliffe

Översättning till svenska av Pål Dahle, 2023. E-post: contact.pal@dahle.se

Om att inte ha ett huvud

Innehåll

Förord till den svenska upplagan	iii
Förord	7
Kapitel 1—Bevittnandet, det sanna seendet	13
Kapitel 2—Förstå bevittnandet	19
Kapitel 3—Upptäckten av zen	43
Kapitel 4—En uppdatering av berättelsen	63
De åtta stegen på Den huvudlösa vägen	63
(1) Det huvudlösa spädbarnet	65
(2) Barnet	65
(3) Den vuxne med huvud	67
(4) Den huvudlöse bevittnaren	73
(5) Att praktisera huvudlöshet	84
(6) Att knäcka nöten	93
(7) Barriären	114
(8) Genombrottet	117
Sammanfattning och slutsats	122
Efterord	125
Bibliografi	131
Översättarens kommentarer	133

Förord till den svenska upplagan

Det är sannerligen inte lätt att vara en apa som kan tänka.

Vår förmåga att tänka är en välsignelse. Vi kan lära av det förflutna, föreställa oss det som inte finns och planera för framtiden. Den är också en förbannelse, vi kan fastna i att älta det som varit, se faror och oroa oss för framtiden. Vi blir rädda. Och när vi blir rädda tappar vi kontakten med vår närvaro och vår visdom. Vi hamnar i stället i primitiva försvarsmekanismer, som att spela död, fly eller anfalla. Där har vi roten till mycket ont i mänskligt liv och i världen.

Det syns mig som att en av de största utmaningarna för oss människor är att tillägna sig förmågan att skilja på tankar och verklighet. Det känns likadant när jag tänker att jag kommer att bli avvisad av dig när jag bjuder upp till dans, som det känns om du faktiskt tackar nej. För mig är innebörden av ordet "medvetenhet" att vara medveten om den känsla jag nu har kommer av en tanke eller av något som faktiskt händer i verkligheten, här nu. Prova gärna själv att göra dig mer medveten. Jag gissar att du är som de flesta av oss och upptäcker att en stor del av de känslor du har kommer av tankar.

Om att inte ha ett huvud

För mig handlar andlig utveckling om att vakna till verkligheten. Det är innebörden av ett andligt uppvaknade. Vi vaknar ur tankarnas drömvärld, som för många är som en mardröm, till verkligheten, som är här och nu. Då kan vi vara handlingskraftiga och interagera med världen som den är, i stället för att bli destruktiva i en mardröm och förstöra både för oss själva och för andra.

Vad innebär det att vara människa? Hur kan man leva ett bra och värdefullt liv? Kring detta har människan tänkt, skrivit och undervisat i tusentals år. Buddha, Jesus, Sokrates, Platon, stoikerna, meister Eckhart, Rumi, Dalai Lama, Mahatma Gandhi, Confucius, Ramana Maharshi, Krishnamurti, Eckhart Tolle, Byron Katie, Adyashanti och Sam Harris är några få exempel på människor som bidragit med att skapa klarhet kring dessa frågor. Och till denna samling av andliga lärare hör Douglas Harding.

Man brukar tala om andlig utveckling som en resa, en andlig resa. Min erfarenhet är att den är en vandring på två ben; förståelse och upplevelse. Ibland kommer förståelsen före, men det är inte förrän jag upplever det jag förstått som utvecklingen verkligen sker. Ibland börjar det med en upplevelse, men det är först när jag förstått vad jag upplevt som det blir begripligt och jag kan förmedla insikten till andra.

Douglas Harding börjar i en upplevelse; vi har inget huvud. Där vi normalt tänker att huvudet sitter finns i stället en hel värld. Upplevelsen är enkel och självklar såsom upplevelser ofta är. Det är enkelt att uppleva en kopp kaffe, men går den alls att förstå? Utmaningen för Harding är att få oss att förstå upplevelsen av att inte ha något huvud. Vi "vet" ju att vi har ett huvud. Men med entusiasm och närmast ingenjörsmässig noggrannhet visar han hur vi kan ta steget efter upplevelsen, förståelsen. Han ger många, tänkvärda intressanta experiment att genomföra.

Min bild är att alla andliga lärare i grunden pratar om samma sak, men på sitt sätt. Så den som vill lära av de som gått före bör hitta någon som pratar om det på ett sätt som passar hen. Jag vet om att många, liksom jag, har många fått berikande upplevelser och fördjupande förståelse att hämta hos Douglas Harding och hans huvudlösa väg.

Bengt Renander
Coach och producent av Närvaropodden i januari 2024

Förord

I den här boken beskriver Douglas Harding hur han för första gången upptäcker sitt huvudlösa sanna jag på vandring i Himalaya vid tiden för andra världskriget. Harding såg verkligen sitt sanna jag då – sitt "ursprungliga ansikte" som zenbuddhismen skulle kalla det—men det kom inte från ingenstans. Som han antyder i boken kom den huvudlösa upplevelsen efter en längre tids självutfrågning där "vad är jag?" utgjorde den centrala frågan. Harding började fundera djupt på sin sanna identitet under tidigt 1930-tal då han arbetade i London efter blivit utexaminerad arkitekt (Harding föddes 1909). Senare under 30-talet fick han jobb i Calcutta och flyttade därför med sin fru till Indien 1937 och vid det laget hade han redan gett ut sin första bok, *The Meaning and Beauty of the Artificial*. I den utforskade han vad det var att vara människa och därefter skrev han 1941 en bok till, *An Unconventional Portrait of Yourself*, där han vidareutvecklade sina idéer om att vara byggd av "lager". Han argumenterade övertygande att i det allra djupaste och väl dolda lagret fanns ett tidlöst formlöst *sant jag*.

Lite senare, 1942, råkade Harding se ett självporträtt av fysikern och filosofen Ernst Mach som Mach hade tecknat i *The Grammar of Science* av Karl Pearson. Som du ser, avbildade Mach sig från sitt eget perspektiv, utan huvud.

Harding betraktade det och såg att han var beskaffad på samma sätt. Plötsligt insåg han att hans formlösa sanna jag inte alls var gömt. Det var faktiskt fullt synligt och han tittade ut ur det! Och i stället för att ha ett huvud på axlarna såg han ett gränslöst tomrum fyllt med hela världen. Det var ett livsavgörande ögonblick för Harding. Han hade upptäckt något av högsta betydelse och värde, inte bara för sig själv, men även för mänskligheten. Under loppet av de åtta följande åren (Harding återvände till England vid slutet av kriget) gav han sig själv hän att förstå betydelsen av upptäckten och presenterade det hela i *The Hierarchy of Heaven and Earth—A New Diagram of Man in the Universe*. Han skickade manuskriptet till C. S. Lewis som blev överväldigad och svarade honom och beskrev det som "ett verk av högsta genialitet". Det publicerades av Faber & Faber 1952 med en introduktion av Lewis.

Efter publikationen av *The Hierarchy* återvände Harding till arkitekturen. Senare, 1960, fick han en förfrågan att skriva en artikel för The Saturday Evening Post, ett amerikanskt tidningsmagasin med en stor läsekrets. Han skrev två artiklar och skickade in den ena av dem, *The Universe Revalued*. Den togs emot väl. Den andra artikeln utvecklade han till *On Having No Head*. (Hans vänner hade gett honom rådet att inte skicka in en artikel om att inte ha ett huvud, eftersom de trodde att det hade varit alltför konstigt för *The Post*). Han skickade manuskriptet till The London Buddhist Society där han redan hade kontakter och de tog entusiastiskt emot det. Harding väcker läsarens uppmärksamhet med vad som måste anses vara en av de mest dramatiska förstameningarna någonsin i en bok: "Den bästa dagen i mitt liv, min pånyttfödelse så att säga, var dagen då jag upptäckte att jag inte har något huvud." Efter det fortsätter han berätta om sin vandring i Himalaya. Som jag redan antytt var det inte där han först *såg*. Så å ena sidan är det inte helt sant, men å andra sidan inte helt osant heller. Harding *såg* verkligen sitt huvudlösa sanna jag under vandringen i Himalaya vid tiden för andra världskriget. Det var bara inte riktigt första gången (och Harding var alltid öppen med det), för det var när han såg teckningen av Mach.

Om att inte ha ett huvud blev något av en andlig klassiker på 1960-talet och har sen dess alltid gått att få tag på. Det är en bok som aldrig förlorar sin fräschör och som fortsätter inspirera nya generationer av läsare.

Efter att Harding hade tillbringat mer än 40 år på "den huvudlösa vägen" bestämde han sig 1986 för att lägga till ett nytt kapitel, *En uppdatering av berättelsen*. Harding avled 2007 vid den mogna åldern 97 år. Vid det laget hade han delat sin huvudlösa upplevelse med tusentals människor.

Det är bokens historia. Men huvudsaken (!) för dig kära läsare är att njuta av ditt eget huvudlösa sanna jag – nu. Du är antagligen inte på vandring i Himalaya när du läser detta. Som tur är, som Harding ofta upprepade, behöver du inte vara det. Du ser ut ur ditt ansiktslösa sanna jag vart än du än går. Så läs på... peka ditåt andra ser ditt ansikte... se efter och... återupptäck det uppenbara!

Richard Lang

Tänk dig att en man plötsligt uppenbarade sig och högg av ditt huvud med ett svärd!

HUI-CHUNG

Halshugg dig själv! ... Upplös hela din kropp i seende: bli seende, seende, seende!

RUMI

Min själ är i hänryckning och oftast mitt huvud också utan att jag kan förhindra det.

ST. TERESA

Täck ditt bröst med intighet, dra på dig icke-existensens rock över ditt huvud.

ATTAR

Hänge dig fullständigt... Även om du så skulle förlora huvudet, varför sörja?

KABIR

Att se in i intigheten är det sanna seendet och det eviga seendet.

SHEN-HUI

Kapitel 1—Bevittnandet, det sanna seendet

Den bästa dagen i mitt liv, min pånyttfödelse så att säga, var dagen då jag upptäckte att jag inte har något huvud. Jag skriver alls inte det här som ett litterärt öppningstrick eller fyndighet för att väcka uppmärksamhet. Jag menar det på fullt allvar, jag har inget huvud.

Jag var 33 år när jag gjorde upptäckten. Den kom verkligen inte från ingenstans, eftersom den kom som ett svar på något jag länge undersökt. I många månader hade jag varit uppslukad av frågan "vad är jag?" Det faktum att det skedde under en vandring i Himalaya hade antagligen inte mycket med det hela att göra fastän det sägs att ovanliga sinnesstämningar lättare uppstår där. Hur det än var med det så var det en värdig miljö för en pampig vision. Det var en mycket stilla och klar dag och jag stod på en ås där jag hade en utsikt ned över dimmiga blå dalar och upp mot världens högsta bergskedja.

Det som egentligen hände var något absurt enkelt och inte alls särskilt spektakulärt. För ett ögonblick slutade jag tänka. Förnuft, fantasi och mentalt tjatter tystnade och för en gångs skull saknade jag verkligen ord. Jag glömde bort vad jag hette, min mänsklighet och min objektiva existens och allt som kunde kallas för mig eller mitt. Dåtid och framtid försvann. Det var som om jag hade fötts i det ögonblicket, helt ny, utan sinne, renad från minnen. Det enda som existerade var nuet, det innevarande ögonblicket och allt som tydligt framgick av det. Att se var det enda som behövdes. Och det jag fann var kakibyxor som slutade där nere i ett par bruna skor, kakiärmar som slutade i ett par rosa händer åt sidorna och en framsida på en kakifärgad skjorta som slutade uppåt i—absolut ingenting alls! Definitivt inte något huvud.

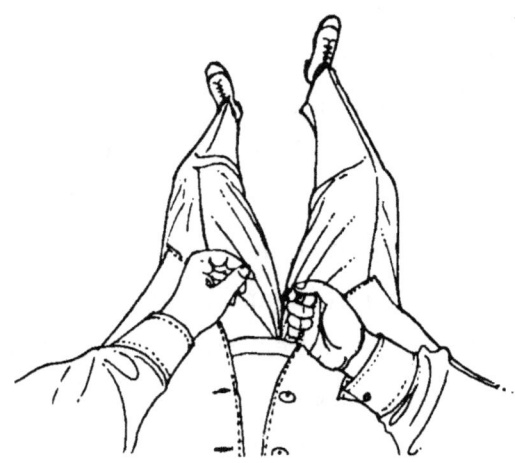

Snabbt upptäckte jag att *detta ingenting*, detta hål där det borde varit ett huvud inte var någon vanlig ledig plats, inget vi vanligen kallar 'inget'. Tvärtom—det var helt fullt. Det var ett ofantligt tomrum, ofantligt fyllt. Ett ingenting där det fanns rum för allting—gräs, träd, skuggiga dalar i fjärran och långt ovanför dem snötoppar på den blå himlen som om de vore lutande moln. Jag hade förlorat ett huvud och fått en värld.

Jag tappade bokstavligen talat andan. Det verkade faktiskt som om jag slutade andas helt och hållet och var som uppslukad av en självklarhet. Här var den, den storartade scenen, strålande i den rena luften, stödd av ingenting mer än sig själv, mystiskt upphängd i ett tomrum och (vilket var den verkliga glädjen och miraklet) fullständigt frånvarande av "mig" eller någon annan observatör. Den totala närvaron i scenen var min totala frånvaro av både kropp och själ. Lättare än luft, renare än glas—alltihop befriat ifrån mig själv. *Jag* fanns inte här någonstans.

Ändå var det ingen dröm eller esoterisk uppenbarelse trots allt det magiska och besynnerliga; tvärtom kändes det som ett plötsligt uppvaknande från det vanliga livets sömntillstånd och slutet på en dröm. Det var självlysande verklighet, för en gångs skull fri från det vanliga tankepladdret. Det var den efterlängtade uppenbarelsen av det helt självklara. Det var ett strålande ögonblick i en förvirrad livshistoria. Det var som att inte längre blunda för något som jag alltid hade varit för upptagen eller för smart eller för rädd att se, iallafall sen barndomen. Det var naket, okritiskt bevittnande av det som i alla tider hade stirrat mig i ansiktet—den totala ansiktslösheten. Bevittnandet och seendet var fullkomligt enkelt, rent och rättframt.

Det var bortom resonemang, tankar och ord. Inga frågor uppstod, inga minnen trängde sig på och motade undan upplevelsen själv, utan endast frid och en tyst glädje samt förnimmelsen av att ha släppt en outhärdlig börda.

✻✻✻✻✻✻

Idén att människan har en kropp skild från själen kommer utrotas. Det ska jag göra genom… att smälta bort skenbara delar, så det oändliga som gömts visar sig.

BLAKE

"Jag tror jag ska gå och hälsa på henne", sa Alice… "Det är omöjligt, jag råder dig att gå åt andra hållet", sa Rosen. Det lät fånigt tyckte Alice så hon sa inget utan gav sig på en gång i väg till Hjärter Dam. Till sin förvåning kunde hon i ett ögonblick inte se henne.

ALICE I SPEGELLANDET

Som skönhet är jag ingen stjärna
Andra vackra kan jag värna,
Men mitt ansikte är oviktigt
För bakom det är jag på riktigt; för andra att ses så gärna.

Tillskrivs WOODROW WILSON

Kapitel 2—Förstå bevittnandet

När min omedelbara förundran över upptäckten i Himalaya hade lagt sig började jag beskriva den för mig själv i följande ordalag.

På ett eller annat sätt hade jag nog tänkt på mig själv som att jag är inneboende i ett hus—kroppen—och att jag tittar ut på världen genom två små runda fönster. Nu ser jag att det inte alls är så. När jag blickar ut i fjärran, vad finns då här *just nu* som säger mig hur många ögon jag har? Två, tre, hundra eller inget? Faktum är att endast ett fönster syns på den här sidan fasaden och det är vidöppet och utan karm. Det är ofantligt och *ingen* syns som tittar ut genom det. Det är alltid bara *andra* som har ögon och ansikte som ramar in dem, inte *jag*.

Det måste alltså finnas två helt olika människoarter. Den första ser jag att det finns otaliga av och de har uppenbarligen ett huvud på axlarna (och med "huvud" menar jag en ogenomsynlig, färgad och hårig tvådecimetersboll med olika hål). Den andra som jag å andra sidan bara kan hitta ett enda exemplar av, har inget huvud. Och fram till nu hade jag missat den här enorma skillnaden! Jag måste tydligen ha haft en släng av långvarig galenskap eller en livslång hallucination under vilken jag utan tvekan har sett mig själv ganska lik andra människor, definitivt aldrig som en halshuggen levande tvåfoting. (Och med "hallucination" menar jag här precis det som står i ordboken: uppenbar uppfattning av ett objekt som inte existerar här och nu). Jag hade varit helt blind inför det som alltid är närvarande, det här förbluffande huvudsubstitutet, en obegränsad klarhet, ett lysande och fullkomligt rent *tomrum* som *är*, till skillnad mot *innehåller*, allt som finns. Det måste vara ett tomrum— för hur uppmärksamt eller noggrant jag än tittar så kan jag inte hitta någon skärm på vilken bergen, solen och himlen projiceras, eller en spegel i vilka de speglas. Inte heller finns här någon genomskinlig lins eller öppning som de syns igenom, än mindre ens en tillstymmelse till *person* eller annan betraktare för vilka de visas som inte är en del av det jag ser. Ingenting som helst stör. Inte ens *avstånd* som är ett förbryllande och svårfångat koncept. *Där borta* syns gränslös blå himmel, rosaskimrande vit snö och sprudlande grönt gräs. Hur kan dessa vara i fjärran, när det inte finns någonting att vara fjärran från? Det huvudlösa gapande tomrum som finns här motstår all definition och plats. Det är varken runt, litet, stort eller ens *här* till skillnad från *där*. Och även om det funnits ett huvud här att mäta utåt ifrån, så hade tumstocken som sträckt sig från *här* till bergstoppen *därborta* behövts avläsas från kortsidan i änden av tumstocken. Jag kommer faktiskt inte på något annat sätt att mäta på och måttet blir då en punkt—ingenting. De färgsprakande formerna avtecknar sig faktiskt i all enkelhet utan något krångel med nära, fjärran, den här, den där, min eller inte min, sedd av mig eller bara given till mig. Dualiteten, tudelningen i subjekt och objekt, upphör. Den går inte att uppfatta på en plats där det inte finns plats för den.

Så gick tankarna. Att försöka berätta förstahandsupplevelsen som jag hade i nuet så här eller med andra ord är dock att förvränga den genom att komplicera den, eftersom den är enkelheten själv. Faktum är att ju mer jag försöker desto längre bort hamnar vi ifrån ursprungsupplevelsen. Det bästa en beskrivning kan tjäna till är som en *påminnelse* av själva synen, men då utan det klara varsevarandet[1] som fanns vid tillfället. En beskrivning kan även fungera som ett sätt att locka fram upplevelsen igen. Men inget av detta är som upplevelsen som den var i stunden. En beskrivning kan inte heller garantera att man får upplevelsen tillbaka. Om man har avnjutit en god middag så betyder det inte att man senare upplever smakerna bara för att man läser menyn noggrant igen, eller om man för den delen läser världens bästa bok om humor så är det inte säkert att man skrattar åt ett skämt för det. Å andra sidan, att ha ett långt tankeuppehåll med

---

1 Engelskans *awareness* översätts genomgående som 'varsevarande', till skillnad från *conciousness* som översätts med 'medvetenhet'. Det är ett avsiktligt val eftersom begreppen hålls isär den engelska texten vilket vi ska se senare är av väsentlig betydelse. Se vidare i översättarens kommentarer i slutet av boken. (övers. anm.)

klarsynthet är inte vanligt och det är lätt att förstå att man börjar fundera på hur det var, speciellt i kontrast till sitt i övrigt förvirrade liv. Det skulle kunna uppmuntra till att klarsyntheten återvänder, åtminstone indirekt.

Hursomhelst, nu kan vi kan inte vänta längre med de invändningar från det sunda förnuftet som uppstått. Frågor som pockar på avgörande svar. Det blir också nödvändigt att "försvara" upplevelsen inför undrande vänner, men även inför sig själv. På ett sätt är det absurt att försöka tämja den till något begripligt, eftersom inget resonemang varken tillför något eller tar något ifrån den. Upplevelsen är lika simpel och obestridlig som att höra ettstrukna C eller att smaka på jordgubbssylt.

******

Min första invändning gick så här: "kanske mitt huvud saknas men inte näsan. Den är ju här, synlig framför mig vart jag än går." Och mitt svar blev: "om det här suddiga, rosa, genomsynliga molnet som hänger till höger och det andra som hänger till vänster är näsor, så måste jag ha två, inte en. Och då måste den helt ogenomskinliga knöl som lätt syns i ditt ansikte *inte* vara en näsa." Bara en hopplöst oärlig eller förvirrad observatör skulle avsiktligen använda samma ord för två så helt olika saker. Jag föredrar hellre att använda en ordbok, eller helt enkelt tolka det så som vi vanligen tycker att ord betyder och då måste jag säga att om nästan alla människor har varsin näsa så har jag ingen.

Å andra sidan, om någon vilseledd skeptiker som är mycket angelägen att bevisa sin ståndpunkt skulle rikta ett slag och sikta mitt emellan de två rosa molnen, så vore resultatet lika otrevligt som om jag hade den mest solida, och slagvänliga, av näsor. Det hade uppstått en komplex upplevelse av subtila spänningar, rörelser, tryck, kliande och kittlande känslor, värk, värme och bultande som aldrig helt hade lämnat det här centrala området—och det måste väl vara en näsa? Dessutom, om jag med min hand börjar utforska *här*, är det inte en näsa jag känner? Är det inte också ett bevis på att jag har ett huvud här ändå?

Jag kan inte alls dra den slutsatsen. Utan tvivel uppstår en mängd förnimmelser som vi inte kan bortse ifrån, men det blir inte ett huvud eller ens något som liknar ett huvud för det. Det enda sättet att få det till ett huvud vore att blanda in en massa ingredienser av idéer om saker som faktiskt *inte finns här*. Men om vi inte blandar in dessa—speciellt inte idéer om tredimensionellt färgade former—vilket sorts huvud får vi då? Trots ouppräkneliga känslor saknas fortfarande ögon, öron, mun, hår och övrigt som andra huvuden faktiskt har. I själva verket måste den här platsen hållas fri från allt som kan hindra eller fördunkla mitt universum.

Dessutom, när handen trevar sig fram försvinner den snarare än att den hittar mitt huvud. Uppenbarligen är det här gapande hålrummet snarare som en smältugn som snabbt eldar upp allt som kommer i dess närhet. Det måste vara ett slags magisk plats där allt äts upp så att möjligheten att se världen klart och upplyst aldrig skyms, inte ens för ett ögonblick. Det verkar vara min närmaste region, en vidöppet gapande obebodd plats för allt som händer mig och trots det är den nästan okänd. När det gäller den där värken och så vidare, så rår den inte på den här centrala klarheten mer än vad berg, moln eller himmel kan. Tvärtom, både värken från slaget och bergen jag ser existerar i skenet av klarheten och genom dem får det klarheten att skina. Upplevelsen *här och nu* av vilket sinne som nu är aktivt, sker endast i ett tomt huvud som *inte* är här och nu. Vad jag kan se här och nu så är min värld och mitt huvud inkompatibla och kan inte blandas. Det finns inte plats för bägge samtidigt på axlarna och som tur är så är det mitt huvud med all tillhörande anatomi som måste försvinna. Det här är inte något slags resonemang eller filosofiskt skarpsinne och inte heller någon effekt av att ha nått ett slags "högre tillstånd". Det är bara enkelt bevittnande genom att *titta vem som är här* i stället för *föreställ dig vem som är här eller se det som andra har sagt till dig att se.* Om jag inte lyckas se vem jag är och framför allt vad jag inte är så är det för att jag är alltför fantasifull, för "andlig", för vuxen och allvetande, för godtrogen, för avskräckt av samhälle och språk och för rädd för det uppenbara i att acceptera situationen precis som jag ser den i detta ögonblick. Det är bara jag som finns på platsen där det går att berätta om vad som finns *här* och jag behöver ett slags vaket och tillitsfullt nybörjarsinne för att kunna göra det. Det krävs ett oskyldigt öga och ett tomt huvud (för att inte tala om ett ståndaktigt hjärta) att erkänna sitt eget perfekta tomrum.

✶✶✶✶✶✶

Det finns förmodligen bara ett sätt att omvända en skeptiker som fortfarande säger att jag har ett huvud här och det är att be denne att komma hit och se efter själv. Men hen måste i så fall rapportera helt ärligt och bara beskriva det som observeras och inget mer.

Om hen börjar på andra sidan rummet så ses en fullängdsmänniska-med-ett-huvud. Och när hen sen närmar sig ses en halvlängdsmänniska, sen ett huvud, sen en diffus kind, näsa eller öga, sen enbart något diffust och till slut (vid kontakt)—ingenting alls. Alternativt om hen också råkar ha nödvändig vetenskaplig utrustning, ses att det diffusa blir till vävnad, sen grupper av celler, sen enstaka celler, en cellkärna, jättelika molekyler och så vidare, ända tills platsen nås där inget alls kan ses—

tomrummet som saknar all soliditet eller materia. Hur man än vänder och vrider på det, så hittar observatören som kommer hit för att verkligen se hur det ser ut, samma som jag finner här—tomrum. Om man då upptäcker att man också ser min icke-entitet här och då vänder sig om (och på så sätt tittar ut tillsammans med mig, i stället för in i mig) skulle man också se vad jag ser. Den här lediga platsen är totalt fylld med samma scen. Man skulle också se att den här centrala punkten exploderar till en oändlig volym, det här *ingenting* blir *allting,* det här *här* blir *överallt.*

Och om en skeptisk observatör fortfarande tvivlar på sina sinnen så kan hen försöka med en kamera—en apparat som varken har minne eller några förväntningar och som bara registrerar vad som finns där den råkar befinna sig. Den skulle registrera samma syn! Där borta: en människa, halvvägs: delar av en människa, precis här: ingen människa och inget annat heller. Och om den vänds runt: den människans värld.

✱✱✱✱✱✱

Så det här huvudet är inget huvud utan bara ett felaktigt antagande. Om jag fortfarande kan hitta det *här* så måste jag se i syne och borde nog skynda mig att söka läkarhjälp. Och det spelar ingen större roll om jag hittar mitt huvud, Napoleons, jungfru Marias, ett stekt ägg eller en blombukett. Att överhuvudtaget ha någon som helst huvudbonad är att lida av vanföreställning.

Under mina klarsynta perioder så är jag helt klart huvudlös *här*. Å andra sidan, *där borta* på avstånd är jag allt annat än huvudlös. Faktiskt har jag där fler huvuden än jag vet vad jag ska göra av. Gömda i mänskliga observatörer och kameror, utställda i bildramar, som grimaserande ansikten i rakspeglar, plirande i dörrhandtag, skedar, kaffepannor eller vadsomhelst som låter sig poleras dyker mina huvuden upp, mer eller mindre krympta och förvrängda, spegelvända, ofta upp och ned samt multiplicerade till oändlighet.

Men det finns en plats där mitt huvud aldrig visar sig och det är här på mina axlar. I så fall skulle det skymma det här centrala tomrummet som är livskraften jag lever av. Som tur är kan inget göra det. Faktum är att dessa lösa huvuden aldrig kan bli mer än övergående obetydliga tillfälligheter i den "yttre", varseblivna världen. Och även om de ingår i mitt innersta väsens helhet, så påverkas inte detta överhuvudtaget. Så obetydligt är faktiskt huvudet i spegelbilden att jag inte ens nödvändigtvis tar det för mitt eget. Som väldigt litet barn kunde jag inte känna igen mig i den—och inte nu heller när jag för ett ögonblick får tillbaka min förlorade oskyldighet. Jag ser bara en välbekant figur som bor i det andra badrummet bakom glaset och till synes bara ägnar sin tid att stirra in i det här badrummet. Han blickar mot mig som en liten, trist, begränsad, avskuren, åldrande och ack så utsatt man. I mina mer sunda stunder ser jag att han *där* i allt väsentligt är väsensskild från mitt verkliga jag *här*. Jag har aldrig varit någonting annat än ett ålderslöst, omätbart, självlysande och rätt-och-slätt perfekt *tomrum*. Det är otänkbart hur jag någonsin har kunnat blanda samman den stirrande vålnaden där borta med vad jag enkelt ser att jag är här och nu och alltid!

※※※※※※

Allt detta är å andra sidan brutalt paradoxalt och en skymf mot det sunda förnuftet, trots att det är så tydligt. Är det inte också en skymf mot vetenskapen, som ju sägs vara sunt förnuft fast på ett något mer välordnat vis? Den har förvisso ett eget sätt att beskriva hur jag ser vissa saker

Kapitel 2

(som ditt huvud) men inte andra (som mitt huvud) ska det visa sig. Vi ställer frågan: kan den få mitt huvud tillbaka på mina axlar där folk säger till mig att det ska vara?

Så här låter dess komprimerade berättelse. Ljus lämnar solen och 8 minuter senare når det din kropp, som delvis absorberar det. Resten reflekteras i olika riktningar varpå en del av det når mitt öga, går igenom linsen och formar en upp-och-nedvänd bild av dig på skärmen längst bak i ögongloben. Bilden startar kemiska förändringar i ljuskänsliga ämnen som finns i skärmen och dessa påverkar de celler (som är som små levande varelser) som skärmen är konstruerad av. Genom excitation påverkar cellerna andra väldigt långa celler, och dessa i sin tur andra celler i en specifik del av hjärnan. Det är först när ändstationen i hjärncellerna nås och molekylerna, atomerna och partiklarna i dem påverkas som jag ser dig eller något annat. Samma sak gäller övriga sinnen. Jag varken ser, hör, luktar, smakar eller känner något förrän alla sammanstrålade stimuli faktiskt kommer fram till hjärncentret, men först efter drastiska förändringar och fördröjningar. Det är *endast* vid ändstationen, vid ankomsten till mitt här-nus stora centralstation som hela "trafiksystemet" som jag kallar för mitt universum skapas. För mig är det här tiden och platsen för all skapelse.

Det finns många saker som verkligen är långt ifrån sunt förnuft som ryms i vetenskapens märkliga berättelse—som också rätt och slätt är en berättelse. Det märkligaste av allt är att berättelsen plötsligt tar slut där. Den berättar bara att allt jag kan veta är att här, i hjärnstationen, skapas på något mirakulöst sätt min värld. Vad som händer i andra delar av mitt huvud, ögonen eller den yttre världen, eller om det ens finns annan yttre värld överhuvudtaget, säger den inget om. Den bistra sanningen är att min kropp, din kropp och allt annat på jorden inte ens är värda en djupare tanke. Det är bara ett simpelt påfund att de existerar där ute som något eget i ett eget utrymme oberoende av mig. Det finns inte och det kan inte heller finnas något bevis för parallella världar (en yttre okänd eller fysisk värld *där*, plus en inre mental värld *här* som på något mystiskt sätt vore en kopia av den yttre). Endast *en* värld finns alltid framför mig. I den kan jag inte hitta någon uppdelning i sinne och materia, insida och utsida, själ och kropp. Den är vad den observeras vara. Inget mer, inget mindre. Och den är en explosion av en mittpunkt, platsen för ändstationen där "jag" eller "mitt medvetande" kan antas befinna sig.

Kortfattat bekräftar vetenskapens berättelse min egen troskyldiga berättelse, trots att de är så olika. Från det sunda förnuftets position sattes på prov ett huvud här på mina axlar, men den tesen blev snabbt emotsagd av universum. Det "icke-paradoxala" sunda förnuftets synsätt om mig själv som en "vanlig människa med ett huvud" fungerar inte alls. Så snart jag undersöker det noggrant slutar det i nonsens.

✶✶✶✶✶✶

Och ändå (intalar jag mig) fungerar det tillräckligt bra för alla vardagliga praktiska syften. Jag fortsätter som om det faktiskt fanns ett solitt 20-centimetersklot upphängt mitt i universum. Jag är benägen att tillägga att i den icke-ifrågasatta och rigida världen där vi alla bor så är den här absurditeten inte så lätt att bortse ifrån. Det är en så välfungerande fiktion att den lätt kunde vara den enkla sanningen.

Men sanningen är att den alltid är en lögn—och dessutom en så besvärlig lögn att man till och med kan förlora pengar på den. Ta till exempel en reklambyrå, som ju ingen skulle beskylla för att vara en fanatisk anhängare till sanningen. Dess affärsidé är att övertala mig och ett av de mest effektiva sätten att göra det är att placera mig i deras bilder precis som jag är. Alltså måste de lämna mitt huvud utanför.

I stället för att visa den andra arten av människa, den med ett huvud, som för ett glas eller en cigarett till munnen, så visas min art som gör det. Här är min högra hand (en armlös hand som hålls i precis rätt vinkel i nedre högra hörnet av bilden) som för ett glas eller en cigarett till den här icke-munnen och det gapande tomrummet. Det här är verkligen inte en främmande person utan föreställer mig själv som jag ser mig själv. Nästan oundvikligen dras jag in i bilden. Inte undra på det, de här lösa kroppsdelarna som syns i hörnen utan något som binder samman eller kontrollerar dem i mitten ser ju helt naturliga ut. Jag har ju aldrig sett ut på annat sätt. Och reklambyråns realism, deras icke-sunda förnuft som speglar hur jag verkligen ser ut lönar sig uppenbarligen. När mitt huvud försvinner tenderar mitt köpmotstånd gå ner. Men det finns gränser förstås, de kommer knappast visa ett rosa moln precis över glaset eller cigaretten och det behövs inte heller. Den realismen bidrar jag ju själv med och det finns ju inte någon vits med ett genomsynligt näsmoln till.

Filmregissörer är även de praktiskt orienterade och mycket mer intresserade av att återskapa upplevelsen än att gräva i upplevarens natur. Men faktum är att i det första finns lite av den andra. De är verkligen experter som självfallet är helt medvetna om hur opåverkad jag blir av att exempelvis se ett fordon som uppenbart körs av någon annan jämfört med min reaktion när fordonet ser ut att köras av mig själv. I det första exemplet är jag en åskådare på trottoaren som ser två likadana bilar som krockar med varandra från sidan, dödar förarna och fattar eld. Det väcker inga starka reaktioner hos mig. I det andra är jag en huvudlös förare och det lilla man ser av min bil så syns den som stillastående inifrån. Här syns mina svajande knän, min fot som stampar gasen i botten, mina händer som kämpar med ratten, motorhuven som lutar i väg från mig, stolpar som svischar förbi, vägen som slingrar sig än hit, än dit. Sen kör den andra bilen rakt emot mig, först liten, sen sakta men säkert större och större, och sen—en krasch, ett starkt ljus och en tom tystnad... Jag lutar mig tillbaka i min stol och hämtar andan. Vilken åktur!

Hur filmas dessa sekvenser i första person? Det finns två sätt: antagligen har man en huvudlös docka med kamera i stället för huvud eller så har man en riktig människa som lutar undan huvudet, för att få plats med kameran. Med andra ord, om jag ska identifiera mig med skådespelaren så måste huvudet komma ur vägen. Hen måste vara *min sorts* person. En bild av mig-med-ett-huvud liknar inte alls mig. Det vore ju ett porträtt av någon annan och därmed ett fall av falsk identitet.

Det verkar lite egendomligt att någon skulle vända sig till en reklambyrå för att få en glimt av det djupaste och den simplaste sanningen om sig själv. Det kan också verka underligt att en välutvecklad modern uppfinning som film kan vara till hjälp för att se igenom illusionen som ju redan småbarn och djur kan. Men intressant nog har det genom tiderna alltid funnits motsvarande vägvisare till det allt-för-uppenbara; vi människor verkar faktiskt aldrig ha varit förmögna till fullständigt självbedrägeri. I äldre tider fanns populära kulter och sägner om flygande huvuden, om enögda huvudlösa monster och spöklika figurer, om människokroppar med icke-mänskliga huvuden och om martyrer som gick långa sträckor efter att de blivit halshuggna. Det förklarar att det fanns en djup men kanske något fördunklad förståelse för det mänskliga tillståndet. Utan tvivel sagolika bilder, men de kommer

Kapitel 2

närmare första person singular presens än vad det sunda förnuftet någonsin gör.

******

Min upplevelse i Himalaya var alltså inte bara någon poetisk fantasi eller drömsk mystisk utflykt, utan nykter verklighet på alla sätt. Under månaderna och åren som följde gick det gradvis upp för mig vad den i praktiska hänseenden betydde, hur den skulle tillämpas och hur den fick livsförändrande konsekvenser.

Till exempel såg jag att det fanns två sätt som den nya insikten förändrade mitt sätt att möta andra människor—ja faktiskt alla varelser. För det första eftersom den upphäver motsättningar mellan människor. I ett möte med dig finns bara ett ansikte—ditt—så jag kan aldrig mötas ansikte mot ansikte, på tu man hand. Faktum är att vi byter ansikte på det mest älskvärda och innerliga sätt. För det andra, eftersom det ger mig fullständig insikt i verkligheten bakom hur du ser ut och hur du är för dig, så har jag all anledning att vilja dig väl. Jag måste ju tro att det som är sant för mig måste vara sant för alla—att vi alla är i samma sits och den inte är mer än huvudlös tomhet på så sätt att vi kan rymma allt och bli allting. Den där lilla personen av fast materia med ett huvud som jag går förbi på gatan borde vara oändlig också. Så det jag ser är en hägring som inte tål närmare undersökning, för då visar den sig vara en skickligt förklädd gående motsats till vad hägringen visar: en verklig person vars rymd och innehåll också är oändligt. Min respekt för den personen, precis som för alla levande varelser, borde också vara oändlig. Jag kan inte övervärdera ditt värde och din prakt. Jag förstår nu precis vem du är och hur jag ska bemöta dig.

Faktum är att du är jag själv. Förr när vi hade varsitt huvud var vi uppenbarligen två. Men om vi numera är huvudlöst tomrum vad finns då som skiljer oss åt? Jag kan inte hitta något skal, form, rand eller gräns runt det tomrum jag är, så mitt tomrum *måste* smälta samman med andra tomrum.

Och i den sammansmältningen är jag mitt eget helt perfekta exemplar. Jag betvivlar inte att vetenskapen hävdar att jag har ett tydligt definierat huvud från sin observationsplats där borta, ett huvud som är fyllt av en ofantlig hierarkisk samling av organ, celler och molekyler och en egen outtömlig värld av fysiska objekt och processer. Men jag råkar känna till hur det ser ut från (eller snarare hur det är att vara) insidan av den här världen och dess invånare och det motsäger helt berättelsen från utsidan. Just *här* ser jag att det inre samhället, som vetenskapen beskriver från minsta partikel till hela mitt huvud, försvinner som mörker i dagsljus. Ingen utomstående kan kvalificera sig att yttra sig—endast jag finns på plats att göra det. Och jag lovar, den platsen är en helt klar, ren och tom enhet, utan spår av att vara avskild från något annat.

Om det är sant för mitt huvud så är det lika sant för allt som jag tar för att vara "mig själv" och "här"—kort och gott hela det här *kropp-sinnet*.[2] Jag frågar mig, hur ser det egentligen ut nu här där jag är? Är jag instängd i "påsen av blod och smuts" (som Marcus Aurelius uttryckte det)—det vi också skulle kunna kalla "den vandrande djurparken", "cellstaden", "kemifabriken" eller "partikelmolnet"—eller har jag kanske blivit utestängd från den? Lever jag mitt liv inneboende i ett fast människoformat block (på ungefär 180x60x30 centimeter) eller utanför det, eller kanske både på insidan och utsidan? Faktum är att så är det ju inte alls. Det finns inga väggar här så därför inte heller någon insida, utsida, rum, avsaknad av rum, gömställe eller skyddad plats. Jag kan inte hitta något hem här att leva i eller bli utestängd från och ingen tillstymmelse till mark att bygga det på. Den här hemlösheten passar mig alldeles perfekt eftersom tomrum inte behöver någon inkapsling. Kortfattat, vid närmare inspektion löser sig den här på avstånd till synes solida fysiskt ordnade formen i allt utan att det blir något över.

---

2 Harding skriver här *body-mind*. Se översättares kommentarer för vidare information om mind. (övers. anm.)

Och jag ser att det här är sant, inte bara utifrån min mänskliga kropp, utan även utifrån min fullständiga kropp, universum själv. (Också från ett utifrånperspektiv är uppdelningen i kroppar ett artificiellt angreppssätt. Den här lilla kroppen är så funktionellt förenad med allt annat och så beroende av sin miljö att det är omöjligt och otänkbart för den att fungera isolerat. Faktum är att ingen varelse kan överleva ens en kort stund om den inte vore den 'enda kroppen', som själv är helt och hållet där, i sig själv, oberoende och därför fullt vid liv.) Hur mycket av den totala kroppen jag är beror av tillfället. Helt automatiskt känner jag av i stunden hur mycket av den jag behöver. Alltså kan jag med lätthet identifiera mig med allt ifrån mitt huvud, min tvåmeters kropp, min familj, mitt land, min planet och solsystem (när jag föreställer mig att dessa är utsatta för ett yttre hot) och så vidare utan att någonsin påträffa en gräns eller barriär. Och oavsett hur stort eller litet mitt tillfälliga förkroppsligande är—det vill säga den här delen av världen som för närvarande stöder mig, vars perspektiv jag har tagit, som jag tänker och känner mig som—så är det tomrum eller ingenting i sig självt. Verkligheten bakom allt som uppstår är klar, öppen och tillgänglig. Jag vet hur man tar sig in i och ut ur det hemliga innersta hjärta som finns i varje varelse, oavsett hur fjärran eller frånstötande det verkar för en utomstående, eftersom vi är en kropp och den kroppen är ett tomrum.

Kapitel 2

Och det tomrummet är det här tomrummet, fullständigt och odelbart, inte utdelat till andra, inte uppdelat i mitt och ditt och deras, utan fullständigt närvarande här och nu. Den här specifika platsen, min utkikspunkt, det här "hålet där ett huvud borde ha varit" är grunden och kärlet för all existens. Det är den enda källan till allt som uppstår (och projiceras som "där borta") som den fysiska eller fenomenologiska världen, den enhetliga oändligt fertila livmodern i vilken alla varelser föds och dör. Det är absolut ingenting och på samma gång *all ting*. Det är den enda verkligheten, dock ändå frånvarande. Den är mitt *jag*. Det finns inget som helst annat. Jag är alla och ingen och allena.

******

Själen har nu inte längre någon medvetenhet om kroppen och ger sig inte något främmande namn, varken människa, varelse eller något alls.

                                                  PLOTINUS

Den vise fäster sig inte vid att kroppen lämnas därhän som ett lik.

                                                  SANKARA

Om man öppnar ögonen och söker efter kroppen så är den försvunnen. Det kallas att det tomma rummet får den att börja lysa. På insidan och utsidan är allt nu lika ljust. Det är ett väldigt gott tecken.

                     TAI YI JINHUA ZONGCI (Hemligheten
                                  om den gyllene blomman)

Lova dig själv att fullständigt förstå att den skenbara kroppen är som dagg och blixtar.

          ZENMÄSTAREN HSU YUN (på sin dödsbädd 1959)

Kapitel 3—Upptäckten av zen

Under de månader och år som följde min ursprungliga huvudlösa upplevelse försökte jag mycket intensivt förstå den med de resultat jag kortfattat har beskrivit. Själva visionen och hur den upplevdes var oförändrad under den här perioden, även om det blev lättare för mig att få den att stanna och bli mer varaktig ju mer jag gjorde mig tillgänglig för den. Men vad upplevelsen gjorde med mig och vad den betydde mejslades ut mer och mer alleftersom tiden gick och detta skedde utan tvekan under påverkan av sådant jag läste. Jag fick både hjälp och uppmuntran av vetenskaplig, filosofisk och religiös litteratur. Jag hittade särskilt några mystiker som verkade ha sett och förstått samma sak som jag ser att jag är själv *här*.

Att diskutera med andra var å andra sidan i stort sett lönlöst. "Självklart kan jag inte se mitt huvud" sa mina vänner—"och sen då?" Dumt nog började jag svara "Och sen allt! Det betyder att du och hela världen är upp-och-nedvänd, och in-och-utvrängd..." Det fungerade inte alls. Jag hade ingen förmåga att beskriva min upplevelse på ett sätt som intresserade lyssnarna, eller skapade någon förståelse för varken innehållet eller betydelsen. De förstod inte vad jag pratade om och det blev pinsamt för bägge parter. Här fanns något solklart, oerhört betydelsefullt och en häpnadsväckande upptäckt av ren och skär fröjd—men uppenbarligen bara för mig och ingen annan! När människor börjar se saker som andra inte ser, så höjs ögonbryn och det rings till doktorer. Och här var jag i mer eller mindre samma tillstånd, förutom att jag i mitt fall *inte* såg saker. Det var oundvikligt att jag blev frustrerad och ensam. "Så här känns det för en galning" tänkte jag, avskuren och oförmögen att kommunicera.

En oväntad besvikelse var att bland mina bekanta så var det ofta de mer kultiverade och intelligenta som hade speciellt svårt att se poängen. Ungefär som att huvudlöshet var ett barnsligt förehavande, som att suga på tummen och något man borde ha växt ur och glömt för länge sen. Bland författare så gjorde de mest briljanta stora ansträngningar för att tala om för mig att jag måste vara galen, för annars vore det ju de som var det. G.K. Chesterton avslutar sin ironiska science-fiction-lista i *Notting Hills Napoleon* genom att kröna den med "människor utan huvud". Den store filosofen Descartes (som ska ha ett ärligt erkännande då han själv började sin revolutionära undersökning genom att fråga sig vad som man kan se klart framför sig) gör det ännu tydligare. Han börjar sin lista över saker som går att ta för givet eftersom de går att uppfatta med sinnena med en stor överraskning: "Först och främst har jag märkt att jag har ett huvud." Även gemene mans uttryck "Varför? Har du helt tappat huvudet?" blir förvånande och lätt

Kapitel 3

ironiskt när man ju utan huvud får tillgång till all visdom i världen.

Jag själv föredrog bevisen mina sinnen presenterade för mig hellre än all hörsägen—och om det var galenskap, så var det i alla fall inte begagnad galenskap. I alla fall så tvivlade jag aldrig på att jag sett det mystikerna sett. Det enda konstiga var att så få hade sett det helt och hållet på samma sätt. De flesta av de stora mästarna verkade ha behållit sina huvuden, eller åtminstone inte tyckt det var värt att nämna. Och definitivt hade ingen såvitt jag kunde upptäcka haft huvudlöshet som del av någon andlig praktik. Andliga lärare verkar aldrig bli trötta på att berätta om *intighet,* så varför hade en så övertygande och allestädes närvarande vägvisare till intighet blivit så försummad?[1]

För ändå, det är ju så absurt uppenbart att det inte går att undkomma. Om något träffar dig rätt i nyllet så är det *det här.* Jag var förbryllad och ibland också nedslagen.

Och då, bättre sent än aldrig, råkade jag hitta zen.

******

Zenbuddhism har ett rykte om sig att vara svår—för västerlänningar nästan omöjligt. Därför hänvisas de oftast

---

[1] Det engelska ordet *nothingness* översätts med 'intighet'. Det är närmast ett filosofiskt ord utan tydlig definition. Hur Harding uppfattar eller definierar det framgår inte annat än genom texten i boken. (övers. anm.)

till att stanna kvar i sin egen religiösa tradition om de kan. Min egen upplevelse var precis tvärtom. Äntligen, efter mer än ett decennium av resultatlöst sökande all annanstans hittade jag hos zenmästarna ekon av den centrala upplevelsen i mitt liv. De talade mitt språk. De talade så jag förstod. Jag upptäckte att flera av dem inte bara hade tappat huvudet (som vi alla har) utan även var livligt medvetna om sin situation och dess oerhörda betydelse samt att de inte skydde några medel att förmedla sina insikter till sina lärjungar. Låt mig ge några exempel.

Den berömda Hjärtsutran, som fångar kärnan i Mahayanabuddhism och som reciteras dagligen i zenkloster, börjar med att konstatera att kroppen endast är tomhet, fortsätter med att deklarera att det inte finns något öga, något öra eller någon näsa. Det är lätt att förstå att den unge Tung-shan (807–869) blev mållös av ett sådant vågat uttalande. Inte heller hans zenlärare lyckades bena ut något nämnvärt av den. Tung-shan studerade lärarens anletsdrag noggrant och därefter undersökte han sitt eget ansikte med fingrarna. Han protesterade och sa "Du har ett par ögon, ett par öron och så vidare; och jag med. Varför säger Buddha att de inte finns?" Hans lärare svarare: "Jag kan inte hjälpa dig. Du måste söka lärdom hos en zenmästare." Han lyssnade på rådet och sökte sig i väg. Ändå hängde frågan obesvarad över honom i många år, ända tills då han en dag var ute och gick och tittade ner i en damm med stilla vatten: där såg han de mänskliga dragen som Buddha talade om på den plats där de skulle finnas och där han alltid hade haft dem. Han såg dem *där* borta med den *här* platsen alltid fri från dem precis som från allt annat. Den enklaste av upptäckter, avtäckandet av det uppenbara, visade sig vara den grundläggande insikt Tung-shan hade sökt så länge. Detta gjorde att han själv inte bara blev en aktad zenmästare, utan också grundaren av Sōtō, den gren av zen som idag har flest anhängare.

Lite mer än hundra år tidigare än denna händelse hade en annan munk, zens sjätte patriark Hui-neng (637–712) gett berömda råd på samma tema. Hans broder Ming hade kommit till honom för att söka hjälp för att sätta stopp för alla sina begär och sitt tvångsmässiga tänkande. Det här fick han höra: "Ta reda på hur ditt eget ansikte ser ut just nu. Det ansikte du hade innan du (och även dina föräldrar) föddes." Det har skrivits att Ming hade sökt allt utanför sig själv, men efter detta upptäckte den grundläggande källan till allt inom sig. Nu förstod han det hela och han dröp av tårar och svett då han hyllade patriarken. Han frågade vilka fler hemligheter som fanns att upptäcka. "Av det jag har visat dig", svarade Hui-neng, "finns inget gömt. Om du ser inåt och ser ditt eget ursprungliga ansikte, så ser du att alla hemligheter finns i dig."

Hui-nengs *ursprungliga ansikte* (icke-ansikte, ingenting alls) är en av de mest kända och hjälpsamma av zens koaner och genom århundranden i Kina sägs den ha visat sig vara en unikt effektiv vägvisare till upplysning. Enligt Daito Kokushi (1281–1337), är faktiskt alla 1700 zenkoaner bara pekpinnar till vårt *ursprungliga ansikte utan anletsdrag*. Mumon (1200-talet) skriver:

> Man kan inte beskriva det eller avbilda det[2],
> Man kan inte hylla det tillräckligt eller uppfatta det.
> Det finns ingenstans att göra av det ursprungliga ansiktet
> Inte ens försvinner det vid universums undergång.

En av Hui-nengs efterföljare, zenmästaren Shih-t'ou (700–790) hade en ett annat angreppssätt. "Säg mig vad du har att säga, men försök utan hals och läppar" befallde han. "Jag har inga!", svarade en munk. "Då får du passera porten!" var det uppmuntrande svaret. Och det finns en ytterligare liknande historia om Shih-t'ous samtida mästare, Pai Chang (720–814), som frågade en av sina munkar hur han kunde klara av att tala utan hals, läppar eller tunga. Självklart alstras ljudet av ens tysta tomrum, från tomrummet som Huang-po (d. 850) skriver om: "Det finns överallt, fläckfritt vackert; det är det oskapade absoluta som existerar i sig själv. Så hur kan vi ens tala om att den riktige Buddha inte har någon mun och inte

---

[2] Men man kan visa det i en teckning, se bilden i kapitel 1, eller snarare se "utanför bilden" efter vad som saknas i den.

predikar Dharma, eller att sant lyssnande inte kräver öron, för vem kan ens höra det? Å, det är en skatt bortom allt dyrbart."

Zens förste patriark Bodhidharma (500-talet) sägs ha förskrivit ett rejält hammarslag på bakhuvudet som hjälp för att komma till en liknande insikt. Tai-hui (1089–1163) var lika kompromisslös: "Zen är som en stor eldsvåda: ditt ansikte sveds om du närmar dig den. Det är precis som ett svärd som är på väg att dras; när det väl är ute ur skidan kommer någon att dö... Det dyrbara vajrasvärdet finns precis här och dess syfte är att hugga av huvudet."

Det här med halshuggande var verkligen ett vanligt samtalsämne mellan zenmästaren och hans elev. Vi hittar till exempel detta meningsutbyte från 800-talet:

> Lung-ya: "Om jag hotade med att skära huvudet av dig med det vassaste svärdet i världen, vad skulle du göra då?"
> Mästaren drog in huvudet.
> Lung-ya: "Ditt huvud är borta!"
> Mästaren log.

Uppenbarligen förstod mästaren och eleven varandra väl eftersom de båda var huvudlösa. Tänk hur väl de också hade förstått rådet som den främste persiske poeten och muslimske mystikern Jalalu'l-Din Rumi (1207–1273) gav:

"Halshugg dig själv!", "Upplös hela din kropp i seende: bli seende, seende, seende!"

"Jag har lärt mig av Honom", säger en annan stor mystiker och poet, den indiske Kabir (f.1440), "att se utan ögon, att höra utan öron, att dricka utan mun."

Hur kunde Kabir se om han inte hade några ögon att se med? Som vi redan har noterat så stödjer modern vetenskap att vi egentligen inte ser med våra ögon. De är bara en länk i en lång kedja som sträcker sig från solen, solljus, atmosfär, upplysta objekt, ögonlinser, hornhinnan och optiska nerver och ända ner till ett partikel-våghärjat utrymme i hjärnan där det till slut (sägs att) seende verkligen inträffar. Faktum är att ju djupare psykologen sonderar objektet, desto närmare kommer hen tomheten som är subjektets direkta upplevelse av sig själv. Tomheten är den enda bevittnaren och den ende som hör, ytterst den enda som upplever. (Inte för att hen någonsin även med ytterst raffinerade instrument och tekniker kan nå subjektet genom att sondera objektet—för att lyckas med det måste hen helt enkelt byta riktning 180 grader.) Det går perfekt i linje med vad de gamla zenmästarna säger. Rinzai (d. 867) berättar: "Kroppen samtalar inte, inte heller lyssnar den till samtal... Detta som du utan misstag uppfattar precis här där du är, helt identifierbart men utan form—detta är vad som lyssnar till samtalet."

Denne kinesiske mästare, tillsammans med Kabir och de andra, ger ett eko av Surangamasutran (en indisk skrift före tiden för zen) som lär ut att det är absurt att anta att vi ser med ögonen, hör med öronen och att sådana upplevelser endast är möjliga eftersom dessa har smält samman och försvunnit in i tomheten av vårt "ursprungliga klara och oemotståndliga ansikte."

Ännu tidigare målar den vise taoisten Zhuang Zi (c. 300 fvt) en behaglig bild av ansiktet utan anletsdrag, eller mitt tomma huvud. Han kallar berättelsen för "Kaos, Mittpunktens Härskare" och visar dess totalt oskrivna blad här i kontrast mot de välbekanta sjuhåliga huvudena där: "Väsen, södra oceanens gud och Gnäll, norra oceanens gud, råkade en gång mötas i Kaos rike som hette Mittpunkten. Kaos som var Mittpunktens gud, mötte dem med stor generositet och efteråt pratade de båda om vad de kunde göra för att återgälda hans vänlighet. De hade sett att där alla andra har sju öppningar, för att se, höra, äta och andas, så hade Kaos inga alls. De bestämde sig för att borra hål i honom som ett experiment. Så varje dag borrade de ett hål och på den sjunde dagen dog Kaos."

Men oavsett hur mycket jag väsnas och gnäller och på nytt försöker mörda Mittpunktens Härskare genom att överföra mina mänskliga sjuhålade anletsdrag på honom, så lyckas jag aldrig. Masken därute i spegeln kan aldrig röra mitt ursprungliga ansikte som finns här, inte ens vanställa det. Ingen skugga kan falla på Kaos, den oförkroppsligade och evige kungen.

✶✶✶✶✶✶

Men varför allt fokus på att just ansikte och huvud försvinner, men inte hela kroppen? Svaret är lätt för människor att se. (Krokodiler och krabbor skulle nog säga något annat!) För mig, *här,* är ansiktet med alla dess sinnesorgan lite speciellt på så sätt att det alltid är frånvarande och alltid uppslukat av det ofantliga tomrummet som är jag. Armarna, bålen och benen däremot, är ibland absorberade och ibland inte. Hur mycket tomrummet för närvarande inkluderar eller exkluderar är oviktigt, för jag ser att det förblir oändligt tomt och oändligt stort oavsett hur stora eller betydelsefulla de ändliga objekt är som det slukar. Det spelar inte riktigt någon roll om det löser upp mitt huvud (som när jag ser nedåt) eller min mänskliga kropp (som när jag tittar utåt) eller hela min jordkropp (som när jag är utomhus, *utom hus,* och tittar uppåt). Allting *där,* oavsett hur litet eller stort, löses lika lätt upp här och har samma kraft att visa mig att jag inte är någonting *här.*

Inom litteraturen hittar vi många välformulerade redogörelser om hur hela kroppar löses upp. Jag citerar några exempel.

Kapitel 3

Yengo (1566–1642) skriver om zen: "Du får det rätt i ansiktet och i det här ögonblicket lämnas alltihop över till dig... Titta rakt in i hela ditt varande... Låt din kropp och ditt sinne förvandlas till ett livlöst objekt i naturen, kanske en sten eller en bit trä. När ett tillstånd av total rörelsefrihet och omedvetenhet nåtts, kommer alla tecken på liv att ge sig i väg och även alla spår av begränsning att försvinna. Inte en enda idé kommer att störa din medvetenhet då du, hör och häpna, kommer se ett stort ljus av full glädje. Det är som att plötsligt hitta ljus i mörkaste mörker, som att få en förmögenhet i fattigdom. De fyra elementen och de fem aggregaten (din kropps beståndsdelar) känns inte längre som bördor. Så lätt, så behaglig, så fri är du. Hela din existens har frigjorts från alla begränsningar. Du har blivit öppen, ljus och genomskinlig. Du får en insikt som belyser allt i sakers sanna natur, som också nu ser ut att vara som blommor från en fe och som går bortom verklighetens förstånd. Ett osofistikerat själv som är det ursprungliga ansiktet har manifesterats. Ett utsökt vackert landskap, din födelseplats, har visat sig i all enkelhet. Det finns endast en öppen rak väg framåt och den går obehindrat framåt och framåt. Här är platsen där du ger upp allt—din kropp, ditt liv och allt som tillhör ditt innersta jag. Här är platsen där du får frid, lätthet, icke-görande och outsäglig fröjd."

Även taoisten Lieh-tzu (c.400 fvt) upplevde den speciella lätthet som Yengo beskriver i en sådan grad att han verkade kunna rida på vinden. Det är så han beskriver känslan: "det inre och yttre smälte samman till en enhet. Sen fanns ingen skillnad mellan öga och öra, öra och näsa, näsa och mun, allt var detsamma. Mina tankar stannade, min kropp var i upplösning, mitt kött och mina ben smälte fullständigt samman. Jag var helt omedveten om vad som bar min kropp eller vad som fanns under mina fötter. Jag bars fram som av vinden som blomfjäll eller höstlöv från träden. Till slut visste jag inte om jag bars av vinden eller vinden bars av mig."

Zenmästare Han-shan som levde på 1500-talet sade att en upplyst människas kropp och hjärta fullkomligt har upphört existera och att de har blivit ett med det absoluta tomrummet. Om sin egen upplevelse säger han: "Jag gick en promenad. Plötsligt stod jag stilla, fylld med insikten att jag inte hade vare sig kropp eller sinne. Allt jag kunde se var en enda lysande helhet, allestädes närvarande, prefekt, klar och fridfull. Det var som en allomslutande spegel som projicerade jordens berg och floder... Jag kände mig klarsynt och genomsynlig." "Sinnet och kroppen föll bort!" utropar Dogen (1200–1253) i extas över befrielse. "Föll bort! Föll bort! Alla måste få uppleva det här tillståndet. Det är som att lägga frukter i en skål utan botten." "Plötsligt upptäcker du att sinnet och kroppen har sköljts bort ur sin existens"—säger Hakuin (1685–1768)—"Det är det som är att släppa taget om det du håller fast vid. När du återfår andan är det som dricksvatten och du vet att det är svalt. Det är en outtryckbar glädje."

På 1900-talet, sammanfattar D.T. Suzuki det så här: "För zen är förkroppsligande snarare ett utomkroppsligande. Köttet är icke-kött. Här-nu är tomhet (sunyata) och oändlighet." Om man lämnar zen så är det inte lika lätt att hitta så tydliga uttryck och så fria från religiös inblandning som detta. Dock kan man hitta många paralleller i andra traditioner så snart man vet vad man ska leta efter. Det kan man förvänta sig eftersom det grundläggande bevittnandet går bortom historia och geografi.

Oundvikligen hittas närmaste parallell i Indien, Buddhismens ursprungliga hemland. Den store Sankara (c. 820), vis man och tolkare av Advaita eller absolut icke-dualitet, lärde ut att en människa är utan hopp om frigörelse tills hen upphör att identifiera sig med kroppen som bara är en illusion skapad av okunnighet. Utan den är hens verkliga själv som rymden, fri från allt, ren och oändlig. Att blanda samman den overkliga kroppen med det riktiga jaget är träldom och misär. Det är en doktrin som för övrigt fortfarande lever i Indien. Som ett exempel på det gav den klarsynte Ramana Maharshi (1879–1950) som svar till folk som frågade: "Hittills har ni verkligen trott på allvar att ni har en kropp och form. Det är den första okunnigheten och den yttersta orsaken till alla problem." Inte heller kristendomen är omedveten om att genuin upplysthet kommer att betvinga den mörka ogenomtränglighet som finns i våra kroppar och inte minst våra själar (även om kristendomen är den mest materialistiska av de stora religionerna, som ärkebiskop Temple noterade).

Jesus sa mystiskt: "När ditt öga är ett så är hela kroppen också full av ljus"[3]. Detta *enda öga* är självklart identiskt med det värdefulla tredje ögat i indisk mysticism, som gör att bevittnaren samtidigt kan se in i tomheten och ut på vad som fyller den. Även visar det på den dyrbara skatt som vi söker överallt men som vi kan finna här på vår panna och som vi, enligt österländsk tradition alla har.

Augustin Baker (1575-1641) skriver om livet som kontemplativ kristen: "Till sist når han ren och skär abstraktion; och han uppfattar sig som att vara allt igenom ande och som om ingen kropp funnes... Ju renare och perfektare en sådan abstraktion blir, desto högre har människan nått upp till perfektion." Kommentaren rör

---

3 Hardings originaltext lyder "'When thine eye is single," said Jesus mysteriously, "thy whole body also is full of light". Detta bibelcitat är hämtat från Matt 6:22. Svenska bibelöversättningar talar inte om något "enda öga" som skulle kunna tolkas betyda samma sak som tredje ögat. För att texten i senare delen av stycket ska kunna fungera har jag därför direkt översatt citatet som Harding använder sig av. Det kan spåras till King James Bible, 1611. I den svenska översättningen Bibel 2000 lyder passagen så här: "Kroppens lampa är ögat. Om ditt öga är ogrumlat får hela din kropp ljus, men om ditt öga är fördärvat blir det mörkt i hela din kropp. Om nu ljuset inom dig är mörker, hur djupt blir då inte mörkret." Detta kan man också se med Hardings synsätt: om du ser "klart" (dvs utan huvud) så *blir* kroppen ett med ljuset ("allting") men om ögat är grumlat/fördärvat (om huvudet har kommit i vägen) så ser du mörker och allting blir mörker. Men det relaterar inte till tredje ögat som Harding vill göra en poäng av i senare delen av stycket. (övers. anm.)

ett välkänt stycke i *Molnet: icke-vetandets moln i vilket själen möter Gud,* ett verk från 1300-talets England som behandlar kristen mystik. Det lär oss att en levande medvetenhet om vår icke-existens är nödvändig för att uppnå sann glädje. Eftersom som skrivs "alla människor har anledningar till sorg, men framför allt de som tror att de existerar." Men det ska sägas, oumbärlig självförintelse är ett favorittema i all kristen mystik. Ingen beskriver dessa två sidor djärvare än St. Bernard (1091–1153): "Det är ingen vanlig mänsklig glädje att släppa taget om sig själv på det här viset; att tömmas på sig själv som om man nästan helt upphör vara, det är himmelsk salighet... Hur annars skulle Gud kunna vara 'allt i allt' om människan fortfarande var i människan?"

Men även i väst kan mystikernas språk låta zenskt. Gerlac Peterson (1378–1411) talar om en "syn" som är så "intensiv och stark att hela inre människan, inte bara hjärtat utan hela kroppen, kraftfullt förflyttas och ruskas om... Hela hans inre anblick klarnar som en molnfri himmel." Hans andliga öga är vidöppet, i motsats till att det finns eller existerar. Shakespeare formulerar det så här:

"Och glömsk av vad hon minst borde glömma,
Sitt väsen skört som glas—så därför lik en ilsken apa."

Med vårt andliga öga ser vi in i vårt djupaste djup, in i verklighetens genomskinliga hjärta. Med vår uppmärksamhet på den fysiska världen så kan vi inte se igenom den. Om vi bortser från vår insiderinformation blir våra små mänskliga kroppar dunkla och avskilda. Några av våra poeter är dock inte alltid lurade och uppslukade av det så kallade sunda förnuftet, utan har en förmåga att ta in allt och hylla dess genomsynlighet. Rainer Maria Rilke skrev om sin döde vän:

> "För dessa, dessa skuggors dalar och vajande gräs
> Och vattenströmmar var hans ansikte"

men han gick längre än att lösa upp det mänskliga ansiktet och den mänskliga kroppen. Hans uppdrag var att fortsätta: "göra jorden vi lever på osynlig, och i förlängningen också universum. Vi förvandlar dem till en högre verklighet." För Rilke har det här allestädes närvarande tomrummet, vårt odöda ansikte, inga gränser. Traherne beskriver sig själv:

> "Jag var uppfattningen själv.
> Min själ var varken smuts eller tvål.
> Ingen rand, ingen gräns som hos en skål.
> Min grund var till för allt."

Och i en välkänd passage: "Den dag havet självt flödar i ditt blodomlopp, då du klär dig i himlar och du kröns av stjärnor, då vet du att du verkligen upplever världen"

Det här är inget annat än *satori*, zens sätt att uttrycka upplysning, endast språket skiljer något. Vid satori exploderar världen till en kropp av universum. "Man känner hur kropp och sinne, jorden och himlarna smälter samman till en klart genomsynlig helhet. Ren, uppmärksam, klarvaken" säger mästaren Po Shan, och vidare:

> "Hela jorden är blott ett av mina ögon,
> inget mer än en gnista av mitt skinande ljus."

I många texter berättas för oss hur den upplyste magiskt omfattar floder, berg, hav, hela vida världen själv och att de reduceras till tomrummet *här*, till ingenting alls. Och sen hur floder, berg, hav och hela vida världen själv föds ur det tomrummet. Utan minsta besvär sväljer hen allt vatten i Västra Floden, som kastas upp igen. Hen konsumerar allt och producerar allt. Hen ser universum som inget annat än vad som flödar ut ur hens djupa Natur, som fortsatt är fläckfritt och helt igenom transparent. Och nu är hen återställd till vad hen verkligen är: i existensens hjärta, där allt som finns uppstår. Kortfattat en förklädd gud. Fast förankrad vid den enda källan ropar hen: "Jag är centrum, jag är universum, jag är skaparen!" (D.T. Suzuki). Eller "Jag är orsaken till allt mitt och allt annat!" (Meister Eckhart).

Som zen livligt hade uttryckt det så har den skabbiga byrackan blivit ett lejon med gyllene hår som ryter i öknen, spontant, fritt och kraftfullt. Och i sin storhet har han blivit självtillräcklig i sig själv. Äntligen hemma hittar han inte plats för två. Vår egen Traherne ger återigen eko av österländska mästare när han utbrister: "Gatorna var mina, templen var mina, folket var mitt, kläderna och guldet och silvret var mitt, lika mitt som deras gnistrande ögon, ljuva hy och rosenkindade ansikten. Skyarna var mina, och solen och månen och stjärnorna likaså, och hela världen var min och jag var den enda åskådaren och livsnjutaren.

✱✱✱✱✱✱

Det jag kallar det perfekta seendet är inte att se andra, utan att se sig själv.

ZHUANG ZI (300 fvt)

Att se in i intigheten är det sanna seendet och eviga seendet.

SHEN-HUI (700-talet)

Han som vet att han är ande blir ande och blir allt. Varken gudar eller människor kan förhindra det… Gudar ogillar folk som förstår det här… gudar älskar det dolda och föraktar det uppenbara.

BRIHADARAN-YAKA-UPANISHADEN (700 fvt)

De enfaldiga bryr sig inte om att se, de tänker i stället. De visa bryr sig inte om vad
de tänker, de ser i stället… Se saker för vad de är och bry dig inte om andra.

HUANG-PO (800-talet)

För den som inget vet, blir Det tydligt.

MEISTER ECKHART (1260–1327)

Och vilken regel tror du jag följde? Sannerligen en konstig men den bästa i världen. En underförstådd tro på Guds godhet ledde mig. Därför fördes jag till skolan för det mest uppenbara.

THOMAS TRAHERNE (1627–1674)

Den som tvivlar på vad han ser och därtill
Tar aldrig nå't för sant, gör det du vill

WILLIAM BLAKE (1757–1827)

Det som är viktigast för oss är dolt på grund
av att det ligger i det enkla och bekanta.

LUDWIG WITTGENSTEIN (1889–1951)

Det här är allt som är. Det finns inga dolda
syften. Det är vad all mystik handlar om.

WERNER ERHARD (1935-)

Det undansnillade brevet i Edgar Alla Poes berättelse (1845) "undgick att upptäckas genom att vara övertydligt uppenbart." Skurken "lade brevet mitt framför näsan på hela världen, det bästa sättet att se till att ingen fick syn på det".

Kapitel 4—En uppdatering av berättelsen

De åtta stegen på Den huvudlösa vägen

Det har gått över 40 år sen min första Himalayanska upplevelse kom från ingenstans och över 20 sen föregående kapitel först publicerades. Det har varit välfyllda år, ibland med överraskningar och uppskakande upptäckter. Under resans gång har upplevelsen vidareutvecklat sig till en väg *(Den huvudlösa vägen* är ett så gott namn som något på den). Jag har lärt mig mycket om den, hur slingrig den är, dess avtagsvägar, hur trafiken flyter, vägspärrarna och utöver det allt det praktiska som hör till. En karta som överblickar allt hade varit på sin plats, även från tiden innan Himalaya.

I det här avslutande kapitlet görs ett försök att rita en sådan karta. Den representerar självklart en av otaliga variationer på en arketypisk väg som leder "från overkligt till verkligt, från mörker till ljus, från död till evigt liv", som Brihadranyaka-upanishaden uttrycker det. Här och var går den ihop med zens väg, men ibland gör den avstickare på egen hand. Om den verkar mer rättfram och lättillgänglig än den forna fjärranösternvägen så beror det på att vi färdas genom ett samtida västerländskt kulturlandskap, men inte för att den är kortare eller smidigare—för det är den inte! Och självklart är det inte säkert att vår snirklande rutt passar alla västerländska resenärer. Förutom de tre första etapperna som alla människor genomgår så *måste* kartan i övrigt baseras på författarens resplan. Huruvida den är samstämmig med din väg får du själv avgöra. Det kommer oundvikligen uppstå avvikelser, även stora, men kanske de tidigare etapperna på kartskissen ger en indikation om hur långt du kommit och de senare kommer ge dig en aning om vad du har gett dig in på. Om du bestämmer att du vill ta Den huvudlösa vägen så beskriver kartan de landmärken, rastplatser, irrvägar och fallgropar som du sannolikt kommer stöta på.

Alla vägar kan delas in i mer eller mindre godtyckliga och ofta överlappande etapper. Här kommer vi särskilja åtta:

(1) Det huvudlösa spädbarnet

(2) Barnet

(3) Den vuxne med huvud

(4) Den huvudlöse bevittnaren

(5) Att praktisera huvudlöshet

(6) Att knäcka nöten

(7) Barriären

(8) Genombrottet

Kapitel 4

(1) Det huvudlösa spädbarnet

Som spädbarn var du som vilket annat djur som helst: huvudlös, ansiktslös och ögonlös, ofantlig, fri och helt oavskild från världen. Du var dock helt ovarse detta välsignade tillstånd. Ovetandes levde du utan problem från *vad* du är och *var* du är—från din källa. Du hade full tillit till att du fick det du behövde genom det som gavs dig.

Det som visades framför dig var verkligen närvarande— månen var inte större eller längre bort än handen som sträckte sig mot den. Din värld *var* verkligen *din* värld. *Avstånd,* som för oss vuxna verkar verkligt och trovärdigt (som vi har nämnt tidigare), är i själva verket en rovgirig tjuv som inte ännu stulit världen ifrån dig. Det uppenbara var verkligen uppenbart—skallran som ramlade ur sikte existerade inte längre. Om något försvann så betydde det att det förintades. Om du såg ditt ansikte i spegeln konstaterade du bara att "där är ett bebisansikte" och du kallade det inte för ditt.

(2) Barnet

Gradvis började du lära dig den grundläggande, men som det visar sig ödesdigra konsten att titta ut och se tillbaka på dig själv, kanske ifrån någon meter bort som sedd genom andras ögon. Du började snart se dig själv ifrån deras plats och som en människa som dem med ett normalt huvud på axlarna. Normal men unik. Och slutligen identifierade du dig med ansiktet i spegeln och svarade på dess namn. Men fortfarande var du en enorm huvudlös gränslös rymd för din värld att utspelas i. Sannolikt blev du då och då helt medveten om den rymden. (Ett barn tenderar att fråga andra varför andra har huvuden och hen inte har det, eller säga att hen är "inget", "inte där" eller "osynlig". Carlos kunde på sitt treårskalas helt riktigt peka ut en efter en av sina fastrar och morbröder. Men sen frågade någon honom var Carlos fanns. Han viftade med händerna: Carlos kunde inte hitta Carlos. När han vid ett senare tillfälle blev tillrättavisad som en stygg pojke protesterade han inte mot att kallas stygg, men däremot mot att han var en pojke. Men inte långt senare gick han till sin mormor och förklarade för henne att han var en pojke!)

I den här åldern har du nästan det bästa av bägge världar; den obegränsade icke-mänskliga världen som du kom ifrån och den begränsade mänskliga världen du är på väg in i. En allt för kort stund har du i stort sett två identiteter pågående samtidigt—två versioner av dig själv. Inför dig själv är du fortfarande "ingen-ting", "rymd-lig", gränslöst stor och når till och med bortom stjärnorna. Även om de nu är långt borta har du fortfarande kapacitet att inkludera dem, de är fortfarande dina stjärnor. I sociala sammanhang är du mer eller mindre motsatsen till detta. Om vi vuxna måste bli som de små för att kunna nå detta himmelska rike, så är det i så fall som små på det lyckliga sätt som barn (säg upp till fem år) är. Alltså små, som själva känner sig stora, fortfarande ofantliga och därmed på sätt och vis mer "upp-vuxna", än de så kallade vuxna.

(3) Den vuxne med huvud

Människor utvecklas dock i olika takt. Poppy drogs redan vid två års ålder till en spegel för att kontemplera sig själv. Vid två år och tre månader föreslog hennes mor (oklokt nog enligt min mening) att det kanske inte fanns något ansikte, eller bara tomrum, på den här sidan av spegeln just där hon fanns. "Prata inte om det, det skrämmer mig!" svarade hon. Det verkar som att vi från tidig ålder mer och mer börjar överskuggas av vår inlärda yttre bild. Den börjar lägga sig ovanpå och till slut fördunkla den ursprungliga bilden av oss själva, den som vi har sett från insidan. Vi har då växt ner snarare än växt upp. I stället för att vara närvarande och höra samman med stjärnorna— och allt därunder—har vi sjunkit undan och dragit oss tillbaka. I stället för att rymma världen rymmer nu världen oss—eller vad som är kvar av oss. På så vis har vi också blivit reducerade från att vara hela skådeplatsen till att bli en liten del av den. Det kanske inte är konstigt att vi börjar hamna i svårigheter som leder till smärta i livet. Här följer en lista med hur det kan ta sig uttryck.

- Vi blir giriga när vi försöker att samla på oss så mycket som möjligt av vårt förlorade imperium till vilken kostnad som helst.
- Vi blir förbittrade och aggressiva då vi söker hämnd på sociala strukturer för att de reducerar vår storlek på ett grymt sätt.
- Vi blir avskurna och misstänksamma för att vi på ett sjukligt sätt föreställer oss att människor, djur och icke-levande objekt vill hålla avstånd till oss. Vi blir reserverade och tillbakadragna och vi förlorar förmågan att se hur avstånd inte är verkligt och att därmed alla är våra bästa vänner, förtrogna och närmare än nära.
- Vi blir rädda för att vi ser oss själv som en sak som är beroende av allt och alla.
- Vi blir misslyckade och besegrade för att leva som en avskild individ är ett recept på att allt vi gjort, även det mest framgångsrika, till slut leder till att inget betyder något och att det enda troliga är döden.
- Vi blir trötta på att bygga, underhålla och konstant fixa den här "fantasibehållaren" som vi lever i, för det tar så mycket kraft.
- Vi blir stela, högtravande, onaturliga och falska för att vi lever i en lögn och dessutom en trög, småaktig, rigid och förutsägbart begränsande lögn.

Kapitel 4

- Vi blir kreativt begränsade eftersom vi är avskurna från källan och centrum och ser oss själva som en betydelselös perifer effekt.
- Vi blir avskurna från kärleken för att vi stänger ut alla andra från den rymd vi tar upp, låtsas som vi inte är gjorda för öppenhet och inte skapade för kärlek.
- Vi blir galna för att vi "ser" saker som inte finns och faktiskt tror (i motsats till alla bevis) att vi vid noll meter är samma sak som vid två meter—solida, ogenomsynliga, färgade, föstoffyllda klumpar med väggar. Hur kan våra liv och vår världar vara sunda om själva dess centrum har blivit galet?

Så länge vi inte lider av något av dessa multipla handikapp kommer vi vara barn i våra hjärtan, som under etapp (2)— huvudlösa, transparenta, lättsamma och mer eller mindre ovetande i kontakt med den sanning vi är. Annars har vi redan förflyttats till en mycket senare etapp. Men oavsett den grundläggande orsaken så är anledningen till att vi ändå klarar oss genom livet utan att bli kroniskt sjuka eller spritt språngande galna både enkel och uppmuntrande. Om vi i våra dagliga liv också ganska ofta är känsliga, kärleksfulla, generösa, har lätt till skratt och till och med glada så är det för att vi alla, oavsett vilken etapp vi har nått, ändå har våra rötter och lever ifrån vår gemensamma källa och vår centrala perfektion—det vill säga från en och samma huvudlöshet. Hela tiden har vi varit fullt upplysta av ett och samma inre ljus oavsett om vi låter det skina igenom eller inte. Vår lycka är djupt rotad och verklig medan vårt elände är grunt, overkligt och har tillkommit ur vanföreställningar och okunnighet. Vi lider för att vi inte kan se det faktum att i vårt hjärta är allting som det ska.

Detta leder till följdfrågor. Är etapp (3) bara en etapp med smärta som kommit ur våra villfarelser? Är den ett stort misstag? Är det en onödig omväg som vi kan och borde skippa? Är det möjligt att direkt hoppa från etapp (2) till att bli en sann vuxen, kanske med hjälp av upplysta föräldrar eller lärare? Kunde vi då inte slippa iallafall de där värsta besvären vi nämnt? Med andra ord, kan man bli fullvärdig medlem av "Mänsklighetens klubb" och njuta av de oerhörda privilegier och möjligheter som bjuds av den? Går det att inte tro på lögnen och bara strunta i att vara med i klubbens ständigt pågående "ansiktsspel", utan att för den skull bli som dem[1]?

---

1 Detta refererar till *The Face Game* (by D.E. Harding, Transactional Analysis Bulletin, april 1967) som beaktar de oräkneliga grenar av ofta desperata roller som folk spelar utifrån de rollspel som återges här. Om man försöker beskära dem här och där gör bara att de växer ut mer vildvuxet någon annanstans. Att beskära stammen helt och hållet för att bli av med dem och bli fri från roller vore att låtsas som att det finns någon här som kan spela roller—en person (persona, mask), ett ansikte här precis där jag finns att möta ditt ansikte där, ansikte mot ansikte, partner mot partner i en symmetrisk (och därmed rollspelande) relation.

Kapitel 4

Rilke skrev om en gripande händelse i sin barndom och han var inte hoppfull: "Men då händer det värsta. De tar honom i hand och drar honom mot bordet; alla som är där, allihop, samlas frågande framför lampan. De har det bästa, de gömmer det i skuggorna, medan på honom faller i fullt ljus *all skam av att ha ett ansikte*. Ska han stanna kvar och låtsas leva ett sådant liv som de talar om för honom att han ska ha? Kan han förändras så att han liknar dem...?"[2]

Frågan vi ställer oss är huruvida vi kan vägra att ta på oss de föreställda huvudbonaderna[3], de skamfyllda och elakartade utväxter som samhället har bestämt att ympa och odla på axlarna (såvida de "tar sig") och allt det som utväxten medför?

Svaret är i praktiken: Nej. Etapp 3 går inte att hoppa över. Det finns ingen genväg. Vi måste bära vår börda och ta den långa resvägen. Förvisso finns det några som vägrar göra det och de kommer aldrig kunna se sig själv på avstånd i andra eller tredje person. De liknar den äldre brodern i *Liknelsen om den förlorade sonen*. De förblir hemma i första person singular presens i all naivitet och det är inte ett avundsvärt tillstånd. Utan att begripa och finna sig i hur

---

[2] *The Notebooks of Malte Laurids Brigge,* översatt till engelska av John Linton, Hogarth, London, 1959. Kursiveringen tillhör inte originalet.
[3] Harding skriver "The question we are asking is whether we can refuse these imaginary topknots *(mot juste!)*". Detta är en engelskspråkig fyndighet som inte riktigt går att översätta. Topknot är slang för huvud och en vits för att det låter som top-NOT. *Mot juste!* är franska för "precis rätt ord!" (övers. anm.)

andra ser dem kan de komma kallas efterblivna eller värre än så och kanske också beter sig så. De kan till och med behöva vårdas institutionellt. Nej faktum är att det inte finns någon väg från barndomens paradis till de saligas rike som inte går genom "främmande land", alltså något slags helvete eller åtminstone skärseld. För att verkligen kunna lämna vårt egensinniga och separerande ego (och därmed komma till nästa etapp av resan) måste vi vid denna etapp vara fullvärdiga, betalande medlemmar av samhället som hängivet odlar dess idéer. Som små barn är vår egocentricitet fortfarande inte särskilt djup. Den är liten och dessutom för varierande, naivt ärlig och för ineffektiv för att ge upp. Så för att förlora våra huvuden måste vi först ha dem fast på plats. För att helt kunna *se vad vi är* med tydlighet och på ett sätt som gör skillnad, måste vi först ha varit identifierade med vad vi *inte* är. För att verkligen uppskatta det fullständigt uppenbara måste vi först lära oss vanan att bortse och förneka det. Universum är beskaffat på ett sådant sätt att sann frigörelse inte kommer från tomma intet. Om det inte vore en frigörelse från det falska så är det inte en frigörelse alls. Så för listan över våra besvär—som inte ens är en fullständig lista av jämmer och elände—så är den inte bara av ondo. Bekymmer är en förutsättning som måste finnas för att nå frihet, de är grunden till insikten som leder till återupptäckten av det uppenbara. De är det som gör att vi till slut övervinner våra plågor och lindrar precis där vi behöver det som mest. Som vi ska se mot slutet av vägen är de anledningen till den slutliga lycka som kan finnas där. Under tiden kommer våra besvär vara den största motivatorn att fortsätta driva på, för vem vill egentligen dröja kvar längre än nödvändigt när det gör ont? Och vem som redan kommit så långt på vägen skulle inte vilja fortsätta, speciellt som vårt nästa steg är det överlägset lättaste och mest rättframma av alla?

(4) Den huvudlöse bevittnaren

Allt man behöver göra för att ta steget in på fjärde etappen av resan är att vända riktningen på det vi kan kalla *uppmärksamhetskompassen* bara för en stund. (Uppmärksamhetskompassen visar i vilken riktning vi vänder vårt medvetande, utåt mot världen eller inåt mot tomrummet). *Kata-upanishaden* säger det så här: "Gud gjorde våra sinnen utåtvända och därför letar människorna utåt, men ibland finns modiga själar med önskan om odödlighet som tittar åt andra hållet och finner sig själva." Faktum är att den modige själen inte har nog med uppmuntran. Du omger dig med oräkneliga påminnelser och möjligheter att vända kompassen, förutsatt att du bara är envist frågvis om din egen sanna identitet och *iallafall för en stund kan tänka dig att släppa alla åsikter om dig själv som är baserade på hörsägen, minne och fantasier och i stället förlita dig på BEVIS I NUET.*

Här följer tre sätt av många i hur man kan göra vändningen. Om du är en uppmärksam och sanningssökande läsare så pröva detta direkt:

(i) Det du nu ser på är *den här* texten. Det du nu ser *ut ur* är tom rymd för den här texten. Genom att låta ditt huvud byta plats med tomma rymden kommer inget i vägen för den; du försvinner i dess tjänst.

(ii) Det du nu ser ut ur är inte två små fasta ögonfönster utan *ett* ofantligt och vidöppet fönster utan karmar. Faktum är att du *är* detta karmlösa, glaslösa fönster.

(iii) För att förstå det helt så är det enda du behöver göra att peka på fönstret och notera vad fingret pekar på—om ens något. Gör precis det, nu...

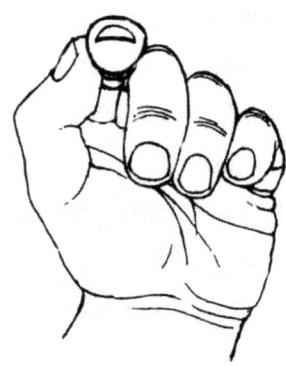

I motsats till ens första intryck visar det sig att medveten huvudlöshet, transparens eller bevittnandet av intigheten-precis-där-man-är har flera unika egenskaper. Det finns ingen motsvarande upplevelse. Här följer exempel på fem av dess egenheter—inte för att du ska tro på dem, men för att testa själv:

För det första. Genom århundradena har gjorts gällande att detta in-seende är världens svåraste sak. Det lustiga är att det verkligen är det lättaste. Ett oskyldigt självförtroendetrick har lurat otaliga uppriktiga sökare. Skatternas skatt som de utmattat söker, är i själva verket den mest lättillgängliga och påfallande öppna upptäckt som finns—alltid uppdukad och alltid "i full gång". I Palikanonen beskrivs Nirvana av Buddha så här: "synlig i det här livet, inbjudande, attraktiv, tillgänglig", vilket är sant och låter vettigt. Det gör även mästaren Ummons påstående att det första steget på zens väg är att se in i vår natur som är tomrum. Att göra sig av med dålig karma kommer som ett steg efter att se. Även den vise Ramana Maharshi försökte övertyga oss att det är lättare att se vad och vem vi verkligen är än att se "ett krusbär i handflatan" och som så ofta bekräftar han zens läror. Sammantaget betyder det att det inte behövs några speciella förutsättningar för det grundläggande in-seendet. Vår sanna natur är alltid synlig för oss och det är förvånande hur vi någonsin har kunnat missat den. Den är tillgänglig *nu,* i precis det tillstånd som man själv är och den kräver inte att man är någon slags helig person, bildad, intelligent eller på något sätt speciell. Snarare tvärtom! Vilken suverän fördel och möjlighet det är!

För det andra. Det här *endast* är sant bevittnande. Det är helt idiotsäkert och du kan därför inte göra fel. Ta en titt nu och se om det är möjligt att vara *mer* eller *mindre* huvudlös eller om du uppfattar tomheten där du finns delvis eller vagt. Bevittnandet av *subjektet* är en perfekt allt-eller-inget-upplevelse jämfört med seendet av objekten som är mer av en skymtkaraktär eftersom en stor del av bilden inte finns i fokus och vi kanske till och med missar delar av den. Titta till exempel på texten du har framför dig, händerna som håller den och bakgrunden till det hela. Sikten *utåt* är aldrig klar, sikten *inåt* aldrig dimmig, som Zhuang Zi och Shen-hui pekar på i citaten före det här kapitlet.

För det tredje. Bevittnandet går djupt. Även den tydligaste sikt *utåt* i fjärran visar sig vara nära och rakt mot en återvändsgränd. Sikten *inåt* mot huvudlösheten fortsätter och fortsätter däremot för evigt. Man skulle kunna beskriva sikten inåt som att den penetrerar det innersta djupet av vår medvetna natur och att den går bortom även det, till bråddjupet bakom medvetandet själv och till och med bortom existensen själv. Men här blir det allt för komplicerat och för många ord. När vi vågar vända oss in i enkelheten, till platsen vi är, står vi på en solklar utsiktsplats—eller ska vi kanske till och med säga insiktsplats! Den är självbekräftande och självtillräcklig och motstår all beskrivning eftersom det inte finns något här att beskriva. Det som ses är bevittnaren och bevittnandet och inget utrymme lämnas till tolkning var vi kommer från. Här finns en upplevelse som är unikt omedelbar, nära och inte går att ta fel på. Den övertygar som inget annat kan. "Det finns inte längre något behov att tro när man ser Sanningen", säger sufisten Al-Alawi.

För det fjärde. Upplevelsen är kommunicerbar på ett unikt sätt, eftersom den är exakt likadan för alla; för Buddha, för Jesus, Shen-hui, Al-Alawi och för dig och mig. Självklart är det så eftersom det inte finns några skillnader, inget som kan gå fel, inget av personlig karaktär eller något privat. I huvudlöshet hittar vi äntligen gemensam mark under fötterna. Vilken skillnad mot andra upplevelser som är så svåra att dela med sig av! Hur livfullt du än försöker beskriva för personer i din omgivning hur du uppfattar din värld av tankar och känslor så kan du aldrig vara säker på att de upplever samma sak. (Ni kanske håller med om att en blomma är röd, vacker, intressant och så vidare, men den inre upplevelsen som de etiketterna försöker beskriva är helt och hållet privat och omöjlig att kommunicera till varandra. Din verkliga upplevelse av *röd* skulle till exempel kunna vara någon annans upplevelse av rosa eller till och med blå). Men om vi vänder uppmärksamhetskompassen så att den visar inåt så går vi direkt in i övertygelsens rike. Här och endast här finns perfekt kommunikation och evig överenskommelse. Missförstånd blir omöjliga. Den samstämmigheten kan inte överskattas för den handlar på djupet om den enhet som vi och alla varelser *verkligen* är. I ljuset av en grundläggande överenskommelse kan vi lättare kosta på oss att ha olika uppfattningar av hur vårt yttre ser ut och vad vi *verkar* vara.

I princip kan vi konstatera att den grundläggande upplevelsen kan överföras utan att förvrängas till vem som helst som vill ha den. I praktiken behöver vi dock nödvändiga medel för att göra det och som tur är finns de lättillgängliga med nästan hundraprocentig effektivitet och fungerar på några sekunder. De involverar pekfingret och det *enda ögat* och vi har tidigare här redan sett exempel på hur de kan användas. Författaren och hans vänner har de senaste 20 åren[4] också erfarenhet av andra sätt. En del av dem kan göras med andra sinnen än synen och en del involverar hela kroppen. Praktiskt taget alla av dessa passar också att göra som gruppövning i grupper av olika storlekar. Gruppövningar har stort värde eftersom de gör att dörrarna in till vår sanna natur blir många fler. Det finns olika dörrar som passar olika temperament, sammanhang, kulturer och tidsåldrar, vilka alla ändå är av underordnad betydelse. Det är dock bekvämt att ha olika valmöjligheter för hur vi kommer *hem*—och så snart vi är hemma vilken roll spelar det då hur vi kom in? Vilken som helst ingång

---

[4] Räknat 1986 när Harding skrev detta. Sedan dess har Harding och andra idogt fortsatt att lära ut huvudlöst bevittnande. Se vidare författarens efterord. (övers. anm.)

till platsen vi aldrig lämnar är en bra ingång. Och det finns ingen gräns för hur många ingångar som finns.

För det femte och sista. Bevittnandet av intigheten finns alltid "i kranen", oavsett humör, vad man än har för sig, hur upphetsad eller lugn man råkar vara för stunden, ja precis närhelst man behöver det. Till skillnad från tankar och känslor, även de mest "rena" och "andliga", är bevittnandet omedelbart tillgängligt helt enkelt genom att se efter och notera att *här finns inget huvud.*

Vi har här undersökt fem ovärderliga fördelar av in-seende och sett att det är *absurt enkelt, fullständigt idiotsäkert, djupare än djupt, unikt delbart* och *alltid tillgängligt.* Men det magnifika myntet har en baksida och där finns defekter eller stötestenar. Det har vi också märkt av under de 20 senaste åren. En del av nackdelarna kommer direkt som konsekvens av fördelarna. Till exempel, bara för att det är så uppenbart och enkelt, så lättillgängligt, naturligt och vardagligt så är det alltför lätt att undervärdera eller till och med avfärda in-seendet som något trivialt. I själva verket så blir dess ofantliga djup och andliga krafter nästan helt förbisedda, speciellt till att börja med. Det vi lätt får har vi också en tendens att släppa lätt. Och hur kan en så enkel (och gratis) upplevelse vara värd så mycket? Vad är det för andligt arbete vi gjort egentligen för att få allt det? Därtill kommer seendet till oss utan övriga mystiska bieffekter; det uppstår inga explosioner av kosmiskt medvetande och ingen extas. Det är snarare en "all time low" i stället för en "all time high"; en dal i stället för en topptur. Vad är det som är så Himalayanskt i den egentligen? Det är tyvärr vilseledande att platsen i bokens inledning sattes till bergen med alla deras andligt storslagna rykten. På sätt och vis skymmer det sikten för det lågmälda och ordinära i det som hände där—och som händer *här*. Att se ens sanna ansikte är vardagligt enkelt— lika enkelt i en trafikstockning som på en offentlig toalett. Det är inte en storstilad bedrift eller en andlig upplevelse vilka vi ju bara kan minnas och aldrig återuppleva. Det sanna ansiktet är dock när som helst tillgängligt för en kärleksfull undersökning oavsett om vi är på en vacker eller dyster plats. Den sker NU eller aldrig och den kan bara återfinnas i tidlösheten[5]. Det du är varken har eller behöver tid för att betyda något.

Det är alltså inte så konstigt att bevittnandet kan vara en naken, sträng och nästan dyster upplevelse. Man kan veta att det är äkta om det gör intryck av att kännas icke-religiöst och känslofritt, nästan som kalla vetenskapliga fakta, prosaiskt och torrt. "Här finns inget målat i glada

---

[5] För att undersöka var tidlösheten finns så se efter vad klockan är "där borta" på din handled. Fortsätt sen att läsa av klockan medan du för den långsamt närmare och närmare ett öga och hela vägen fram till platsen där ingen tid registreras längre. Det är platsen där ingenting finns kvar och ingenting förändrar sig, inte heller tiden—platsen där ingen föds, dör, vaknar eller somnar, platsen där "det sanna seendet är det eviga seendet". Kort och gott, platsen där du är dig själv och är hemma för alltid. (Det här kan vara trevlig läsning men blir inte något annat än idéer såvida vårt lilla experiment faktiskt utförs. Gör det i en anda där vi undersöker även det löjligt uppenbara!)

färger, allt är grått, väldigt obetydligt och oattraktivt", så låter en typisk kommentar om bevittnande av intigheten för första gången. Och så med goda skäl. (Citatet är faktiskt från den erkände zenexperten D.T. Suzuki då han beskriver *satori,* som är samma sak som att se vårt sanna ansikte eller vår tomhetsnatur). Och om vi tror att vi ska förtjäna bevittnandet eller att det är en bedrift att se vad det visar så är det nonsens. Bevittnande är att se *vad* vi och alla varelser är och för alltid är. Det är att se in i tidlösheten som vi alla lever i oavsett personlig bakgrund eller erfarenhet av andliga upplevelser.

Att upplevelsen av bevittnandet kan verka "grund" kan ge intryck av att något är fel, men är en initial missuppfattning som snart klaras upp. Den verkliga haken är en helt annan och den är nog så allvarlig. De flesta[6] som ser och uppfattar huvudlöshet gör det efter en snabb introduktion på det sätt vi visat, för att sen glatt lämna det därhän. För dem, om det nu är intressant överhuvudtaget, är det bara ett spännande äventyr, ett annat sätt att se saker på, eller bara något roligt, kanske som ett slags lek och inte alls något som får någon daglig inverkan. Det är inget att gå vidare med, repetera eller sätta sig in i djupare—definitivt inte praktisera. Och på så sätt har det ingen effekt alls.

---

6 Här nämner Harding att det måste vara ett femsiffrigt antal, dvs upp till 100 000 personer. Detta lämnas utanför den svenska utgåvan, då det mest är en spekulation och den dessutom gjordes för minst 40 år sen. (övers. anm.)

Varför finns detta nästan universella motstånd mot det som är världens bästa nyhet och som får kolossala praktiska konsekvenser enligt de som praktiserat seende? Ja i fallet med de som inte är så nyfikna, kanske för att de är nöjda och glada med livet som det är och därmed står fast vid sina oundersökta övertygelser, så är svaret enkelt. Varför ändra på det? (Och vilket behov eller rätt har vi egentligen att försöka ändra på det? I var och en av oss finns ändå redan *den som vet* vad som kan och inte kan införlivas på ett sätt som är till nytta. Inom oss är vi redan upplysta, eftersom vi lever av ett evigt inre ljus oavsett om vi förstår det eller inte.) I fallet av uppriktiga sökare, så är svaret inte lika uppenbart. Vem av oss sökare vill bli *hittare*, så länge som vår sökan ger oss meningsfullhet, gör livet mindre tråkigt och ger oss struktur i vardagen, kanske på ett sätt som vi också sätter som ett högre ideal? Om det nu är *ingenting* som ligger i slutet av vår strävan vem vill då inte hellre ha målet i fjärran som ett beslöjat löfte snarare än ett antiklimax? Nej, vi har all anledning att fortsätta vara ödmjuka sökare! Vi är ju inte upplysta! Faktum är att i oss alla ligger en dold skräck som ger oss ett kraftfullt och naturligt motstånd mot allt som verkar se ut som plötslig död och förintelse. Hela den långdragna, ofta plågsamma, ansträngningen vi har gått igenom är för att skyla vårt inre tomrum genom att skapa *en någon* här, påskyndat av en social förväntan att skapa ett ansikte för oss själva (i stället för ett ansikte för alla andra) och som kan visas upp som en egen speciell personlighet och en stabil karaktär som passar in i de sällskap vi befinner oss. Och nu (Gud hjälpe!), avtäcks den inte bara som ett korthus som rasat (om det ens någonsin stod upp alls) utan även som *orsaken* till våra besvär! Det här är självklart dåliga nyheter, speciellt för oss som tycker oss ha gjort stora framsteg här i "själutvecklingsdalen". Grunden i hela "personlig utvecklings"-industrin riskerar ju att sprängas genom den enkla aktiviteten som in-seende innebär. Inte undra på att vissa personer blir tydligt irriterade (generade, förolämpade, skrämda, illamående, arga och ibland våldsamma) när de bjuds in till att titta inåt och därför ögonblickligen skyggar tillbaka från det farliga. Det är inte ens en socialt uppkommen fasa som uppstått i vuxen ålder—låt oss minnas Poppy som vid dryga två år redan var rädd för sin inre tomhet framför spegeln. Det verkliga undret är hur någon av oss—trots allt inre motstånd och yttre avrådan—kan välkomna seendet då det fullständigt kan riva ner vår världsbild. Det har dock alltid bara varit ett fåtal som har en sån önskan, och de verkar inte bli fler. Kanske är de bara naiva och har stannat i känslomässig förbundenhet med ansiktslösa barndom och aldrig riktigt växt upp? Eller är de sorgesamt otillräckliga, så sårade av livet att en sorts död är ett bättre alternativ som lindring? Eller är de skeptiker vars inlärda försvarssystem går i gång på språk som klingar för likt religionens? Eller är de ständigt vetgiriga, så fästa vid självupptäckt att inget pris är högt nog för den; eller känner de sig bara ovärdiga att ta emot gudomlig nåd? Eller är de en kombination av dessa? Här finns ett smörgåsbord att välja från.

Oavsett förklaring är det bara enkelt bevittnande vi har bjudit in till och det blir ofta bara en passerande upplevelse bland alla andra myriader av upplevelser som ryms i en människas liv. Man kan inte ens kalla det för det första steget på vägen—kanske kan man möjligen säga att det är ett första steg som inte räknas. Men trots det finns det de som fortsätter och de kommer till den femte etappen.

(5) Att praktisera huvudlöshet

Nu börjar det svåra avsnittet—att repetera huvudlöst bevittnande om och om igen, till dess att det blir helt naturligt och tydligt att det inte finns någon här som bevittnar. Med andra ord tills hela ens liv struktureras runt den dubbelriktade uppmärksamhetskompassen, den som samtidigt pekar inåt mot tomrummet och utåt på det som fyller det. Sådan är den grundläggande meditationen på vår väg. Det är meditation i köpcentret, ja faktiskt vid alla tillfällen och sinnesstämningar. Det kan också vara användbart att stödja den med återkommande perioder av mer formell meditation, till exempel en daglig stund på

Kapitel 4

en tyst plats för att åtnjuta precis samma seende antingen själv, eller kanske bättre bland vänner.

Det här är en meditation som inte ställer till det genom att dela dagen i två delar som inte går ihop; en del för att dra sig undan för tyst begrundan och en del för att drunkna i dagens tumult på ett självfrånvarande sätt. Tvärtom får hela dagen samma stadiga känsla från början till slut. Vad vi än måste göra eller genomlida kan vändas till vår direkta fördel. Det ger precis rätt möjlighet att se efter vem som är inblandad i meditationen. (För att vara precis, inblandad och samtidigt absolut inte inblandad). Kort och gott, av alla meditationer är den en som kräver liten skicklighet och inte alls blir påträngande. Samtidigt, om den ges tid, blir den naturlig, praktisk och underhållande dessutom. Det är som att ens "ursprungliga ansikte utan anletsdrag" får ett leende som Cheshirekatten[7].

Till en början kräver den grundläggande praktiken mycket uppmärksamhet. Normalt sett tar det år eller decennium att nå något som liknar stadigvarande spontant bevittnande. Alldeles oavsett är metoden enkel och densamma hela tiden. Den består i att oftare och oftare bevittna huvudlöshet och samtidigt se avsaknaden av någon som bevittnar. En del tycker att det här sättet att praktisera är väldigt svårt väldigt länge. För andra,

---

[7] Cheshirekatten är en ständigt leende katt i Lewis Carrolls barnbok Alice i Underlandet. (övers. anm.)

ofta yngre personer som har spenderat kortare tid och ansträngning att bygga upp den fiktive personen i centrum av universum, blir det lättare. Det är att förvänta då de är närmare till etapp (1), där vi som spädbarn inte ännu hade blivit ett eget objekt. Vi levde då mer som djuren och vi levde med lätthet från vår centrala intighet, fastän ovetandes. Nu är vår intention att göra samma sak men att vara medvetna om den.

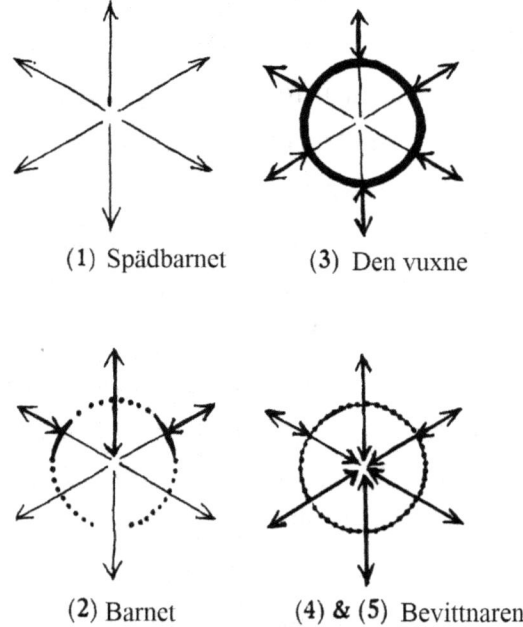

(1) Spädbarnet   (3) Den vuxne

(2) Barnet   (4) & (5) Bevittnaren

Den intentionen är inspirerande. Det är minst sagt som att simma medströms med förändringens kraftfulla underström. Förändringen är utvecklingen av medvetandet själv genom förhistorien och historien och som nu sammanfattas som ens egen historia om sig själv som individ[8]. Som djuret och spädbarnet i etapp (1) var du inte självmedveten, din kompass var riktad utåt så du *förbisåg* ditt varsevarande. Som barnet i etapp (2) blev du antagligen då och då självmedveten och kompassen vändes inåt också. Då träffade du "rätt"—du råkade se *din frånvaro* av en tillfällighet. Men mer och mer vreds kompassen och du blev en mänsklig *någon*. Som vuxen i etapp (3) med falsk självuppfattning fortsatte du att rikta uppmärksamheten enligt kompassen som nu pekade på den icke-befintliga någon och ditt mänskliga utseende blev mer och mer viktigt. Snart blev det ditt id kort, det vill säga din egen identitet (men alltså ett förfalskat id kort, en felaktig identitet!). Och nu, som bevittnaren i etapp (4) och (5) är du återigen självmedveten, men den här gången kan du passera dina utseenden, med avsikt och fasthet. Du börjar vila i *vad* de är utseenden av, du börjar vila i *verkligheten* som är din sanna identitet och din frånvarande närvaro, din kärna och din källa. Allt oftare kommer kompassnålen vara riktad samtidigt både inåt och utåt och därmed samtidigt visa rätt. Du börjar då bli van vid *tvåvägsseende*, det vill säga förmågan att samtidigt se

---

[8] Notera alltså att det inte är varsevarande som utvecklas, utan det som fyller det och det kallar vi medvetande. Varsevarandet är tidlöst och absolut och det är du. Det ska inte blandas ihop med medvetandet som är dess temporala och relativa aspekt som tar sig an att avhandla funktion, färg och insikter utan ände.

inåt mot ingenting och utåt mot allting. Du har då börjat bli en mutant i vårt släkte—en bevittnare som under de senaste tusen åren visat sig då och då och som förebådar nästa evolutionära steg framåt för vår egen mänskliga arts överlevnad. Under tiden fortsätter du bara meditera för livet, i världen som den är, just nu.

Vid det här laget måste vi ställa oss två viktiga praktiska frågor. (i) Den första är: hur stadig och uthållig är vår meditation? Är det möjligt efter tillräcklig övning att vara levande i varsevarande och leva livet utan att tappa uppmärksamheten på självfrånvaron som finns här? Ramana Maharshi gav ett talande svar på den frågan. Han förklarade att ibland är själv-varsevarandet hos en jnani[9] i förgrunden ungefär som melodin som ligger i diskanten i ett musikstycke. Andra stunder är det mer som basen i ackompanjemanget och det verkar i bakgrunden och som du inte märker av förrän det upphör. Du har alltså hört den hela tiden, fast på ett kompletterande sätt. Det uppmuntrande svaret är alltså att man kan lita på att sann självmedvetenhet, då den väl blivit tillräckligt framträdande och etablerad, alltid pågår på någon nivå utan särskilt mycket väsen eller besvär med att upprätthållas. Det är lite som att vara i en kärleksrelation. Det är inte så att du tycker mindre om personen bara för att du under några timmar inte tänker på hens ansikte eller namn. Det

---

9 sanskrit för "den som äger visdom" (övers. anm.)

är snarare hängivenheten som oavbrutet finns kvar som räknas. På samma sätt är det med självinsikt. Så snart som den har fått grepp om dig kommer den aldrig släppa taget om dig. Din sanna natur har sitt eget sätt att utvecklas till något mer tydligt uppenbart och något oförnimbart tar så småningom över. Alla försök att forcera konstgjorda mål kommer bara sätta hinder för din mognad och riskerar också bli ett slags avgudadyrkan, en jakt på huvudlöshet för sakens egen skull. Det kan bli ett sätt att göra detta *ingenting* till det återigen mycket eftersökta *någonting*.

(ii) Den andra frågan lyder: hur mycket kan vi lita på att vår meditation löser våra problem? Det vill säga, hur effektiv är den som psykoterapi?

Den huvudlösa vägen, till skillnad från andra vägar som kombinerar andlighet från öst med psykoterapi från väst, har ingen speciell avsikt att observera sinnets processer eller göra någon psykologisk djuplodning. Inte heller finns någon meditation som syftar till att få nedtryckta mentala föreställningar att klarna och inte heller till att stilla sinnet. Snarare följer den Ramana Maharshis lära: "Att existera i varsevarande[10] är det viktiga. Lämna sinnet därhän." Eller som Chang Chen Chi påpekar i den mycket läsvärda introduktionen till zenbuddhism, T*he Practice of Zen:* att zen inte intresserar sig för sinnets många vinklar,

---

10 Harding citerar här något som naturligtvis är översatt till engelska som *the Self,* men det är bara ett uttryck för "vår sanna natur" dvs *varsevarande* (övers. anm.)

vrår och lager men däremot penetrerar dess kärna, "för det gäller att när kärnan förstås, så blir allt annat obetydligt och kristallklart." Vårt förhållningssätt blir: självklart är det viktigt att våra psykologiska problem, det vill säga vilka tankar och känslor som uppstår i stunden, bör ses klart och tydligt för vad de är, men också med *vad* de kommer tillsammans med och tillsammans med *vem* som har dem. Bevittnaren får inte glömmas bort. Det kliniska värdet av moderna psykoterapeutiska tekniker ifrågasätts inte, ändå ligger vårt radikala svar på psykologiska problem (tillsammans med allt annat) i den dubbelriktade uppmärksamheten, att titta inåt på den här absolut rena intigheten *utan* problem och samtidigt utåt på de grumliga problem som presenteras för oss. Problemens slutliga lösning ligger i att bestämt placera dem utanför centret—där grumliga saker hör hemma—inte att försöka rensa upp i själva "grumlet". För att använda den oöverträffade österländska symbolen för upplysning, lotusblomman, så kan det kännas uppmuntrande att denna renaste och mest utsökta av blommor frodas och blommar i de gyttjigaste och smutsigaste låglänta träsken; med andra ord i de skitigaste av passioner och affekter, i allt det svarta och galna tankegodset, i all vår ondska och smärta. Lotusblomman vissnar om man försöker rensa träsket (lycka till!) eller flytta den till det höglänta glänsande och sterila snölandskapet—en värld av esoterisk andlighet. Zen går till och med längre och säger att passionerna *är* upplysning och träsket *är* lotusblomman. Som vanligt består vår metod i att underkasta oss det uppenbara och allmängiltiga i stället för att snabbt börja tolka eller förklara. Då vi om och om gör det visar det sig att tankegodset som upprör kanske inte behöver vår ängsliga manipulation. Faktum är att det anspråkslösa i att samtidigt se både de *inre* bevisen (vår perfekta centrala verklighet) och de yttre bevisen (den psyko-fysiska manifestationen) är det som behövs för vår läkning. Den dubbelriktade uppmärksamheten, rentvådd från enkelriktad intention är tillräcklig för att frigöra oss från allt ont. Den avtäcker sanningen som frigör oss, till frihet här *hemma* där det inte går att sätta spår eller göra avtryck, fastna eller göra fel och där utsikten mot platsen där allt ser ut att gå fel är helt okej också. Ja, faktiskt helt okej, oavsett hur hotfull scenen där ute ser ut att vara när det trygga hemmet glöms bort och vi lurar oss själva med att vi är separata personer eller egon mitt i röran och således livrädda för all fara. Där i vår egocentriska vanföreställning skapar vi ändlösa problem för vårt huvud att lösa. Här med insikterna på vårt noll-avstånd förpassas dessa ihop med huvudet. Ja till och med transformerar dem. Om de ses från ursprunget, varsevarandet, så kommer det omgivande mörkret byta skepnad till en skönhet bortom skönhet och gräslighet. Till sist börjar våra tankar och känslor spontant delta i den slutliga skönheten.

Vår dubbelriktade meditation är därför sant radikal psykoterapi—psykoterapi så djup att öppna och tydliga resultat dock kan ta lång tid att skönja. Icke desto mindre, ju mer orubblig meditationen är desto mer ger den—och mer som en bonus än en förväntad belöning. Tydliga specifika förbättringar börjar ske på den yttre arenan i vårt dagliga livs problemtyngda rike. Typiska förändringar inkluderar uppvaknande kroppssinnen—som en våt filt som lyfts och som dämpat brusande ljud, skymt glödande färger, gjort former oskarpa och filtrerat bort kärlek som strömmat ut ur de fulaste platser. Vidare, som en här av kopplade psykosociala förändringar: en kroppslig vakenhet i stället för den periodiskt återkommande sort som vi känner i huvudet (och som håller oss i schack då vi springer genom livet), minskad känsla av stress, speciellt i området kring ögonen, munnen och nacken (som om man tillslut släpper taget om dem), en långsamt sjunkande tyngdpunkt (som om att tappa huvudet innebär att hitta sitt hjärta, sin magkänsla och sina fötter som nu står på marken), en slående förflyttning av andningen nedåt (som om det blev en magfunktion) och faktiskt en allmän landning (som om alla goda saker man förgäves längtat efter där uppe hela tiden väntande här nere). Och som en motvikt till nedstigningen kommer ett allmänt lyft, som inkluderar en känsla av fröjd (som om man vore helt rakryggad och lång upp i himlen), en plötslig injektion av kreativitet, ökande energi och självförtroende, en ny och barnlik spontanitet och lekfullhet och överallt annat en lätthet (som om man snarare vore vinden än "borta med vinden"). Och tillslut, kanske, bedarrande rädslor, en tydlig minskning av girighet och ilska, lindrade relationsproblem, större kapacitet för osjälvisk kärlek och glädje. Kanske! I regel, speciellt efter den första spänningen och nyhetens behag av självinsikt har lagt sig, dämpas glädjen på grund av nya förväntningar om fördelar vi ska få av vår nya sanna natur. Då börjar fördelarna uppfattas som blygsamma, ojämna och varierande. De yttre frukterna av inseende är inte alls så rikliga som man naturligtvis önskar, de mognar långsamt och även då syns de kanske tydligare för andra än för en själv. Ibland känns det inte som man gör några framsteg alls. Det kan mycket väl medföra en ökande besvikelse och en känsla av att något mer än bara seende behövs. Vilket leder till nästa etapp på vår resa.

(6) Att knäcka nöten

Vi behöver fortsätta upptäcka mer av vad huvudlöshet betyder, vad det gör för livet, dess drastiska påverkan på sinnet, vårt beteende och våra relationer och vår roll i samhället. Den här etappen är mer snårig än de andra och det finns inte riktigt en tydlig gräns som skiljer den mot dem heller. Kanske tar den aldrig slut; vi kommer alltid upptäcka vad att leva huvudlöst betyder. Det finns inget gängse mönster för det.

Mycket kommer vara beroende av individens förutsättningar och temperament och till vilken utsträckning hen har förmåga att skapa förbundenhet med och få stöd från andra människor. Det är självklart mycket mer behagligt och lätt att fortsätta längs vägen och göra upptäckterna på den här etappen i sällskap med andra i stället för på egen hand. Å andra sidan, varken ensamhet eller vilken annan svårighet som helst kommer kunna hålla någon tillbaka och precis allt, rätt böcker, lärare och andra omständigheter, kommer komma till hjälp om man har beslutsamheten att fortsätta[11]. Det är inte bara disciplinen och stödet som behövs från en grupp, men också den trogna och ofta anspråkslösa andliga riktning som kan förmedlas av en eller flera medlemmar sofm är oersättlig. (Och den kommer inte alltid med avsikt!). Hur som helst så kan författaren vittna om att vid de tillfällen han saknade, eller i sin egensinnighet trodde han saknade, någon motsvarande till en roshi[12], guru, biktfader eller

---

[11] Efterordet i boken tar upp förslag på praktiska lösningar för hur bevittnaren kan komma i kontakt med andra seende.
[12] en zenlärare (övers. anm.)

andlig ledare, så blev synen på vägen framåt onödigt närsynt och spåret han lämnade efter sig slingrigt.

"Men tyvärr, jag har inga huvudlösa eller seende vänner!" klagar nybörjarbevittnaren. Jo faktiskt är det så att du har många, det är bara det att du inte har lärt känna dem än. Förr eller senare och med lite tålamod gör du det, för det här (som vi sett) är en upplevelse som är lätt att dela. Och det visar sig att det perfekta kommunikationsverktyget bokstavligen talat finns i dina händer. Man får inte bli nedslagen om folk reagerar negativt. För att kunna dela insikten måste de först ha tagit in den, sen kan man närma sig ett steg i taget när det medges. Inte heller får man bli nedslagen när de argumenterar emot, till exempel att det de visas bara har med synen att göra, och att det inte kan vara giltigt då det inte gäller andra sinnen och dessutom omöjligt att demonstrera för någon som är blind. Som vi redan gått igenom så kan förslag om folks huvudlöshet vara djupt provocerande och invändningarna tar aldrig slut. Men det är oviktigt, huvudlöshet levs alltid, delas ibland och argumenteras aldrig om.

Då det gäller om det finns ett "svar" på invändningen om man är blind så kan man tänka sig ett litet experiment. Bli "blind" själv och se om du är huvudlös eller inte. Snälla läsare gör det nu. Slut ögonen i tio sekunder och kontrollera om du hittar det minsta bevis på ett huvud i centrum av din värld, av någonting här som har några som helst urskiljbara konturer, form, storlek, färg eller som är ogenomskinligt. Eller för den delen om du hittar ögon, näsa, ögon eller mun? (Värk, kittlingar, smaker och så vidare är inte ett huvud. De liknar faktiskt inte ett huvud alls.) Eller när du nu blundar, hittar du någon som helst kropp? Till exempel, hur många tår räknar du med ögonen stängda (och fall nu inte tillbaka på det du minns eller föreställer dig)?

Faktum är att författaren har blinda vänner som försäkrar att de klart och tydligt uppfattar att huvud och kropp saknas i närvaron av deras sanna natur, tomhet, rymd eller *kapacitet* för det som upplevs samt allehanda kroppsliga förnimmelser. På den här resornas resa har de som ser inget speciellt övertag över dem med synnedsättning. Det sanna eviga seendet är allas.

För alla är den dubbelriktade meditationen i grund och botten den samma oavsett vilka sinnen som används. Den ses alltid som tvåsidig, men ändå helt asymmetrisk. Den där fågelsången finns i tystnaden *här*. Smaken av jordgubbar känns mot grunden som utgörs av "icke-smak". Den härskna lukten uppstår i kontrast till den pågående färska avsaknaden av lukt och så vidare. På samma sätt uppstår våra tankar och känslor på en tom skärm (som zen kallar *icke-sinne*) och försvinner utan spår när de lämnar. Precis som när jag möter dig, så är det ditt ansikte *där* som presenteras i min *avsaknad* av ansikte *här*. Ansikte mot

Kapitel 4

inget-ansikte. Så det jag än tar in måste jag vara utan. För att kunna fylla ett glas med vatten måste det vara tomt. Skillnaden är total, den består av varandras motsatser. Det här betyder inte att vi tänker på allt det här under meditationen i köpcentret, utan där fortsätter vi helt enkelt bara vårt uppdrag: att inte tappa kontakten med vår egen frånvaro.

Allt ovanstående visar hur många och varierande vägarna hem är och hur man med syn- eller hörselnedsättning lika väl kan resa längs vår väg. Om man ändå har syn så har man dock privilegiet att ha resehjälp som inte andra har. (Det här är inte överraskande, det är inte utan orsak som upplysta kallas seende och inte hörande, luktande, smakande eller berörande—och verkligen inte tänkande. Synen är naturligtvis sinnenas härskare här, speciellt med tanke på riktningarna inåt och utåt. Den är det obskyras ärkefiende och det uppenbaras ärkeavslöjare). I följande lista återfinns några av många möjliga insikter som väntar på oss. Det kommer vara lätt att urskilja de mindre viktiga som är kopplade till yttre syn från de mera viktiga som inte är det. (Och om de verkar värdsliga i stället för andliga, så är det till deras fördel).

(i) Som jag ser ut för andra är jag ett objekt som rör sig i rymden. I verkligheten är jag den orörliga rymden själv. Om jag går genom ett rum och tittar nedåt så är mitt huvud (icke-huvud) den oändliga tomma stillheten som de där armarna och benen dinglar från. När jag kör bil och tittar ut så upplever jag att min mänskliga kropp (icke-kropp) förenas med landskapet i en stillhet som ändå rör sig, likt kort som blandas i en jättes kortlek. Går jag ut på natten och tittar upp så är min jordkropp (icke-jordkropp) samma stillhet i vilken himlakropparna gungar och dansar (men nej, jag kan inte hitta något huvud *här* att göra det med genom vridningar eller nickanden!) Slutligen och viktigast, om jag blir "blind" (sluter ögonen kallar de det) så blir min universumkropp (icke-universumkropp) samma oändliga och tomma stillhet. Den visar sig vara samma sak som det orörliga "icke-sinnet" vars mentala innehåll vägrar vara still ens en stund. Genom att underkasta sig det uppenbara (genom det dubbelriktade seendet, meditationen för alla årstider) bekräftas återigen vår sanna natur samtidigt som att det tar bort stressen ur "det moderna livets stress", eller snarare den som tror hen stressar. Vi har aldrig rört oss ur fläcken. Alla uppstressade känslor är en illusion. Vi varken behöver eller kan göra något för att lugna ner oss, förutom att sluta glömma platsen där vi alltid är i vila, platsen där friden bortom all förståelse är så lysande självklar. Den här efterlängtade sinnesron som vi alltid trodde undflydde oss återfinns mitt i vårt centrum där den vädjar om att bli uppmärksammad!

(ii) För andra som ser mig på avstånd ser jag ut att vara en rörlig och avgränsad mänsklig sak, men för mig finns jag på inget avstånd och i själva verket här, en orörlig ickemänsklig icke-sak utan gränser. Den här *ingenting,* eller rymden, upplever jag vara full med alla möjliga saker i rörelse, färger och former, högljudda, behagliga och obehagliga, sensoriska, icke-sensoriska och så vidare. Och paradoxalt, eftersom den här rymden är så olik och absolut oförorenad av dess innehåll, så är den helt förenad med dem. Det här är inget jag tror på—jag ser det. Rymden *är* sakerna som fyller den. Den här "stillhets-tystnaden" är rörelserna och ljuden till vilken den är bakgrund. *Som någonting är jag blott det. Som inget är jag allt.*

(iii) Och allt detta syns precis här. Således—himlen, solen, molnen, träden, gräset, fönstret, mattan, bladet med text, händerna som håller det—är allt här närvarande, tydligt presenterat för mig där jag eller min kamera är och inte där vi inte är. Inget avstånd finns mellan oss. (Som visat tidigare, om jag närmar mig dem så förlorar jag dem mer och mer. Därutöver så blir linjen mellan oss som förbinder den här platsen med punkten "längst bort" en punkt utan dimension). Alltså följer det att hela världen är min och att jag är rik utan jämförelse. Och för ordningens skull, så är det här det enda sanna ägandeskapet. För som det här lilla och solida (och helt påhittade) *någonting-här* så stänger jag ute alla andra saker från den begränsade volymen jag tar upp och därmed är jag den fattigaste av fattiga. Men som den ofantliga och tomma (och verkliga) ingen-ting eller rymden så kan jag låta dem komma in, jag kan ta emot universums leverans, jag kan få och hålla allt. Inte undra på att allt är så tilltalande, så direkt—och så klart!

(iv) Hur kommer det sig då att jag ändå ser allting—till att börja med dessa händer och slutligen den blå himlen—som där ute i stället för här? Eller, konstigt nog både här och där på samma gång? På en nivå så är svaret att den här tredimensionella världen är ett så behändigt sätt att redovisa vad som pågår, en modell som mina ögon själva bevisar för sin egen överlevnadsstrategis skull (och vars fysiologi är gjord för att se djup). På en djupare nivå visar det sig vara en illusion—verkliga fakta säger att det inte är min värld utan dess *seende* som är i 3D. *Här* i mig, på min sida av det inåtpekande fingret eller det här bladet eller av vilket objekt som helst, sträcker sig den här oinredda avgrunden. (Och till den är jag skyldig den glada, kanske paradoxala, nyheten att den stjärnbeströdda himlen inte är längre bort ifrån mig än en Ångström men att den blir mer magnifik och imponerande himlalik än den någonsin varit om jag låter den ta ett obegränsat avstånd genom att jag "lånar ut avstånd" från mina obegränsade resurser. Då lånar jag också ut den obegränsade förtrollning som den får.) Av någon anledning var jag tvungen att lämna det platta landskap jag levde i som spädbarn. Genom barndom och tidiga vuxenår *tryckte jag metodiskt ut världen, och gav den avstånd i sig själv.* Resultatet blev att jag förlorade den. Ju mer jag projicerade världen desto mer tog jag avstånd från den och genom att ta avstånd från den kände jag mig mer och mer förskjuten, försvagad, ensam, avskuren och alienerad från den. Överlevnadsstrategin gick allt snabbare åt fel håll och blev till slut en utrotningsstrategi i stället. Men nu äntligen som bevittnare i senare etapper, kan jag låta bli att hålla bort allt. I stället kan jag låta det komma in igen och världen blir bottenlös för att jag är bottenlös. Den dubbelriktade uppmärksamhetskompassen pekar samtidigt framåt på den *yttre* världen av ting, vilken faktiskt börjar och slutar precis *här,* och bakåt mot den *inre* världen av *ingen-ting* som faktiskt pågår i all evighet. Och de är *en* värld. Allt är i mig, allt är mitt, allt är jag och jag mår bra igen.

(v) Det som jag sant äger verkar *för* mig och inte *emot* mig. Så om universum är mitt borde det väl bete sig som jag vill? Sanningen är tvärtom. Kapaciteten eller tomheten som jag är kan inte på något sätt vare sig påverka eller vägra innehållet i den yttre världen. Den har inte några preferenser eller favoriter och den måste överlämna sig till vad som än sker. Den är utan val och samtidigt är den ansvarig för allt som händer, som vi kommer inse mer och mer när vi fortsätter. Den förmår inget och allt som är.

(vi) Även mina egna förehavanden blir förståeliga. Mina knasigaste misstag visar sig till slut inte vara misstag. Och hur som helst vad jag än gör, från att diska till att köra bil, till att tänka på det här stycket, så märker jag att det blir sämre gjort om jag föreställer mig att det är någon med huvud här som gör det. Det går bättre om jag ser att hen inte har något. Att medvetet leva från sanningen i jag-är-inget-ting fungerar mycket mycket bättre än att leva i lögnen av ett ting-jag-inte-är. Det är knappast överraskande.

(vii) Det handlar om att sätta det som kommer först främst och att aldrig tappa kontakten med *det här*. När jag försöker vara en *person* som siktar på att vara ute i fronten av livet, involverad och verkligen där så slutar det med att jag känner mig utanför, i strid med det och i slutändan ett offer för det. När jag å andra sidan siktar *indirekt*, via min frånvaro av den personen, så är jag inte bara med eller ute i världen, utan jag njuter av välbehag av att vara världen. Jag är på fri fot, välkomnande, "upplyst av alla varelser" (som zenmästare Dogen så behagligt uttrycker det). Jag är upplyst av vad de verkar vara, såväl som *vad* de är.

(viii) Jag har kommit att inse att mitt bevittnande av frånvaron här inte bara är bevittnande av min egen frånvaro utan av allas. Jag ser att tomrummet här är tomrum nog och har plats för allt som finns i tomrummet. Till syvende och sist är vi alla en och samma och det finns inga andra. Från det följer att det jag gör mot någon gör jag mot mig själv och vad som händer dem händer mig. Det är ett faktum jag är tvungen att ta på stort allvar. Kalla det ovillkorlig kärlek, medkänsla eller ett sant givmilt hjärta om du vill, men utan att göra det och utan att spontant leva från det så är mitt in-seende bara tillfälligt.

(ix) Bevittnandet av intigheten är en medveten förbundenhet med alltings källa, med ursprungets härkomst och skaparens kreativitet, urkällan till alla sant spontana känslor och förehavanden, av vad som är nytt och därför oförutsägbart. Som vanligt är det här inte till för att lära sig, utan för att se efter själv. Se efter och se vad det ger!

(x) Bevittnandet är att komma hem till den enda trygga hamnen, till vårt kära hemland (djupt bekant, men samtidigt outtömligt gåtfullt) och till det som går att lita på. Även detta kan du själv undersöka, hela tiden, varje dag.

Dessa tio insikter ihop med oupprepneliga andra, väntar på resenären på den här etappen av resan. De leder till ett fördjupande och en mognad av vår ursprungliga huvudlöshet och de är till och med beviset för den. Eller, för att säga det ännu tydligare, insikterna är en del av att knäcka nöten till vad som hela tiden fanns underförstått i den huvudlösa synen.

Framträdande bland dem alla finns en insikt, en mångsidig andlig utveckling passande för etapp (6) men inte uteslutande bara för den, som kräver speciell uppmärksamhet. Det är upplevelsen av "ovetskap", av en allomfattande okunnighet. Faktum är att det följer från "Jag är inget" och "Jag vet inget", för självklart är ett "vetande inget" ett något, det vill säga bara form och därmed inte tomrum.

Den här ovetskapen faller i två tydliga kategorier:

(1) Den första är att överge vårt antagande att saker är och måste vara vad de är. Det är att ge upp vårt vuxna, sofistikerade, människa-av-världen försäkran att (som vi säger) vi vet allt, vi har sett det förr, inget är nytt under solen, att vi har det på tejp, att "wow!" är något barnsligt medan "so what?" är vuxet. (Rör ditt lillfinger. Blinka med ena ögat. Notera det vänliga i att låta den här texten ta plats i dig. Och erkänn att du inte har en aning om hur du lyckas göra dessa nämnda och miljoner andra mirakler). Det är global glömska, en storstädning av vårt smutsiga universum, en rensköljning av ackumulerade lager av namn, minnen, associationer och att lämna det okänt, färskt och väldoftande. Det är att sluta att ta allting och vad som helst för givet. Det är återupptäckten av det uppenbara som något väldigt främmande, det givna som underbart och dyrbart innan vi passar in det för att uppfylla våra bakomliggande syften. Det är att erkänna glansen som fanns där hela tiden. Det är faktiskt att *titta* på den fulaste stenen och det fallna lövet, på den äckligaste soppåsen, på irrelevanta saker som form och färg på skuggor, de färgade

storstadsljus som reflekteras i våta gator på natten (som vi inte ens ser längre eftersom vi antar att vi inte behöver det). Det är att medvetet vara det vi verkligen är—kapacitet för ting, utrymmet där allt tillåts landa i sin egen speciella perfektion. Det är att medvetet se allting från dess källa i förening med oändligheten som ligger *hitom* den. Det är att se, höra, lukta och beröra saker som vore det för första gången, och släppa den tunga bördan av att vi redan vet hur det är. Det är ett återupplivande och en förlängning av vår barndoms förundran. Det är att vara närvarande vid skapelsens morgon, innan Adam namngav djuren och tröttnade på dem och i stället se dem med deras skapares öga, som något gott. Det är som uttryckt genom zen igen "att vara upplyst av alla varelser", eftersom det inte finns något här som skymmer ljuset från dem.

Den här ovetskapen har inga gränser. Den går bortom vad vi uppfattar om allt vi känner och tänker och gör. Det är att sluta veta hur vi ska klara livet, vart vi är på väg, vad vi ska göra efter det jag gör nu är klart, vad som kommer hända i morgon, nästa vecka, nästa år. Det är att gå med ett steg i taget med ögonbindel, under försäkran att rymden (som är inget och inte känner något utom sig själv) hela tiden kommer att visa oss ögonblick för ögonblick precis det vi behöver. Det är som att leva som liljorna på fälten och inte ägna en tanke åt morgondagen och lita på källan. (Självklart kan detta användas som en ursäkt för att hoppa av, men när det verkligen levs är det snarare som att *hoppa in*, att vara med och ge allt vi har, inklusive nödvändig planering).

Livet som ovetande sker med glädje och lätthet utöver det vanliga och är inte något man kan sikta på som mål. Den glädjen får man endast genom att ge upp alla krav på den och alla idéer på att skapa den. Man kan dock räkna med att glädjen kommer när det är dags, förutsatt att vi ger uppmärksamhet till dess bakgrund, dess *intighet här*. Sök först det tomma kungariket (kungariket inom oss) så skall alla dessa vackra saker komma, men sök dem så tas de ifrån oss. Låt oss stanna med tomheten som vi känner så väl (och sluta att förstå den), så kommer den tillföra det innehåll vi inte kan förutsäga alls, men som ska visa sig vara exakt det som behövs i denna stund.

Varför ska vi egentligen lita på att tomheten har det riktiga svaret, oavsett hur fel det ser ut att vara i stunden? Varför ska vi lita på den till fullo? Om vår erfarenhet inte ännu har gett oss någon övertygande anledning att göra det, låt oss då nu titta på dess mest sublima, briljanta, förtröstansfulla och svindlande bedrift av alla. Så snart vi insett den bedriften blir det uppenbart.

(2) Den andra kategorin av ovetskap utgörs inte av att vi ger upp vår tro på att saker självklart måste vara vad de är, eller vad gör med dem, utan består i att *de är överhuvudtaget!* Varför ska existensen själv existera?

Kapitel 4

Skillnaden mellan dessa två ovetskaper är omätbar, de är inte ens av samma klass. Den första ser det vi känner till som mirakel. Den andra ser miraklet i det varsevarande *ingen-ting* som de kommer från. Den förra är jämförelsevis harmlös, försiktigt pågående, ständigt i förändring, och existerar på en skala. Den andra är en knockout, en "allt-eller-inget"-insikt och inte lik något annat. Å andra sidan, nyckeln till den är mikroskopisk och ligger i avståndet mellan de små orden: *vad* och *det*. Här tappar VAD 'verklighet är' all betydelse, medan DET 'verklighet är' betyder allt. Ludwig Wittgenstein skrev: "Vad saker är i världen är en effekt av fullständig likgiltighet för det högre. Gud avslöjar sig inte i världen. Det gåtfulla är inte vad saker är i världen, utan att den existerar."—som jag hade vidareutvecklat till att det sant gåtfulla faktumet är att Gud, alias själv-varsevarande, existerar och då följer det naturligt att världen existerar och därmed är det senare inte så mycket att tala om.

Vid den här punkten måste jag gå över till direkt självbiografi. Jag kan självklart inte komma ihåg alla episoder av min livslånga, passionerade kärleksaffär med *existensens mysterium* i detalj. Dessutom har den varit full av avbrott. Icke desto mindre tjänar följande rekonstruktion av det äventyret i fyra avsnitt som det bästa sättet att förmedla stämningen och den faktiska känslan av det:

(i) Jag är en ung tonåring som samtalar med en äldre vän:

DH: Ok, Gud skapade världen, men hur hamnade han där då? *Vem skapade Gud?*

Vän: Ingen. Han skapade sig själv.

DH: Men hur kunde han det? Fanns där inget alls, ett stort tomt inget och sen—BANG!—där fanns han? Han måste ha blivit helt paff! Jag kan höra honom ropa "Titta jag har just gjort mig själv! Är jag inte *smart?*"

Vän: Du är respektlös. Gud är så stor att han alltid fanns och han alltid behövde finnas. Varför skulle han bli paff av sin egen existens? Den är ju hans natur.

DH: Mja, jag tror han får gåshud varje gång han märker vad han gjort, han har ju gjort sig själv, bara så, ur rena luften (och inte bara som en trött klump av något, men fullständigt vaket) och utan någon som helst hjälp! Det är inte ens magi, det är rätt och slätt omöjligt! Efter det kan han göra vad som helst: kanske miljarder fullständiga världar och det med händerna bakbundna!

Vän: Du förstår inte. Det *måste* finnas någon som skapar allting.

DH: Men inte någon som skapar sig själv! Det fanns inget som sa att han behövde hända. Han kanske inte hade brytt sig. Eller om han nu var tvungen, så måste det funnits någon annan i bakgrunden som fick honom att göra det, vilket betyder att han inte var Gud ändå. Den riktige guden är kanske en annan, som då också har fullt upp med att uppfinna sig själv!

Vän: (på väg att resa sig): Vi ska inte lägga oss i det här. Gud och början är mysterier som vi inte är gjorda för att gräva i—mysterier för oss kanske, men inte för honom själv.

DH: (till sig själv): Så varför gjorde han mig då till en grävare? Jag tycker fortfarande att det är väldigt lustigt, besynnerligt lustigt, att det ens finns någon eller något överhuvudtaget. Det borde bara finnas... ingenting! Inte ens en flaga eller ett styng, inte ens ett tillstymmelse till varsevarande.

(ii) Nu några år senare. Nu vuxen—men inte medvetet huvudlös än—fortsätter jag reflektera på ämnet självexistens som inte låter mig vara.

Det är Gud själv som är ärke-ovetaren! Gud (eller vad nu man kallar hen som är intighet, källa och varsevarande och varande) kan inte på något sätt förstå hur han gav upphov till sig själv, hur han drog i gång sig själv med sitt startsnöre ur rena icke-existensen, eller hur han väckte sig själv ur den djupaste sömn den där längsta och drömlösa natten. För att förstå sig själv hade han varit tvungen att stå under sig själv i en oändlig och meningslös rekursion. Ett absurt och självbesegrande akrobatiskt trick! Han älskar att han är ett absolut mysterium för sig själv—en Gud som hade spelat in sig själv på band hela tiden skulle lida av evig uttråkning. Inte heller är denna gudomliga glömska ett tillkortakommande i hans natur. Snarare tvärtom: det är anledningen att han står för evigt hänryckt i vördnad inför sig själv, bortom alla gränser. Det är anledningen till hans mycket-mer-än-mänskliga ödmjukhet, darrningarna i hans ansikte inför hans outsägliga storhet och svindeln då han blickar ned i sina egna bottenlösa djup. (Endast vi självbelåtna människor har högmod nog att hävda vårt varande som vår naturliga rätt, tillsammans med mycket annat och att tas för givna bara för att vi har dykt upp till frukost tillräckligt ofta!) Och när våra löjliga anspråk äntligen börjar mattas av så är det slutligen en optimistisk anledning att finna tillit i honom och inte för att vi beundrar honom. Efter detta första och enda verkliga mirakel, vilka fler mirakler kan då bortses från? Allting är möjligt för den Ende som har uppnått det omöjliga. Den som har det stora kunnandet, som vet och inte vet hur man är, är ingen klåpare. Hans värld har inte gått fel. Allt är bra.

(iii) Nu har jag kommit till tidiga 30 och jag har förlorat huvudet. Som resultat så har min barn- och ungdoms hänförelse av existensen börjat ta sig till nya dimensioner. Till min glädje råkar jag snubbla över vad Johannes av Korset sa så inspirerat lysande: "Den som känner Gud fullständigt uppfattar tydligt att han är fullständigt oförståelig" Och det leder till den överraskande tanken att det som bekräftar tanken av honom (som fullständigt oförståelig), det som gör det till sann kunskap, är att det verkligen är hans kunskap om sig själv som pågår i oss. För det är inte som dessa små, ogenomskinliga, behuvade, alltför-mänskliga varelser som vi är förbluffade och mållösa över självskapelsens under, utan som självskaparen *själv*. (Nej, vi hänger oss inte åt grandiosa vanföreställningar! Tvärtom avfärdar vi all befängdhet i att göra anspråk på egen gudomlighet. Den verkliga förmätenheten och hädelsen är att låtsas att den här människan som sådan kan klättra upp på de svindlande höjder där Gud kan ses överhuvudtaget—för att inte säga något om den underliggande förevändningen att den här mänskliga varelsen på sin egen nivå har någon eget varande i sig själv skilt från den *ende* som är.) Förbluffande fakta (och på samma gång oändligt exalterande och oändligt blygsamma) är att vår glädje i förvåning av vad han gjort inte är något annat än hans egen glädje i förvåning. Och det är det enda verkliga, som inte speglas eller delas någon annanstans. På den här nivån, vilka andra finns där att dela den med?

(iv) Slutligen, som kronan på verket (och äntligen den uppenbart klara kronan) så ser jag sanningen. Att uppstå av sig själv är inte en omöjlig bedrift av någon annan långt borta, som skedde en gång för alltid för länge sen, utan sker precis här och precis nu! Omöjligheten är utdragen, outtröttlig och för alltid närvarande här, i den här föraktade, lilla—säger de, bortglömda platsen, som sägs vara tilltäppt av ett huvud. *Här spelas hela det galna extravaganta dramat av självskapelse upp som om det vore för första gången (stryk som om det vore) som ett oklanderligt urtida under, vid detta ögonblick.* Precis här och nu så är det här häpnadsväckande mysteriet, detta skrik av "JAG ÄR", mitt skrik, mitt mysterium, mitt sanna jag. Jag måste ta det så. Precis här och nu kan jag inte smita undan mitt ansvar för är-andet själv, och inte heller för allt som är.

Om det i mitten av mitt universum hade funnits en klick, en liten och hårt packad personlig låda full med neurala material och processer, hur galet hade det då inte varit att tro att en sådan ynklig sak på ett meningsfullt sätt kan rymma hela kosmos och dess ursprung och hela varandets mysterium! Som tur är uppfattar jag, eller rättare sagt uppfattar den här huvudlösa platsen själv att som ett helt och fullt renstädat och oändligt utbrett varsevarande så är det perfekt lämpat för den oerhörda uppgiften. Det är ändamålet det är gjort för. Utöver det kan jag vara säker på att denna på samma gång oansenliga som den största, mest privata och på samma gång minst privata, närmaste och mest välkända och på samma gång minst kända av platser rymmer många fler, ofantligt många fler ofattbara förbluffande överraskningar. Vem hade trott att tappa ett litet huvud hade medfört att få en skattkammare?

Kapitel 4

Hursomhelst, rikedomarna i den potentialen, de obegränsade resurserna i denna Aladdins grotta, kan bli en anledning till frustration, en ängslig känsla att vi till sist ändå alltid är dömda att vara sökare, att aldrig riktigt förstå allt, att alltid sakna en viktig pusselbit och att alltid stå vid uppenbarelsens rand. Men den ängslan uppstår bara såvitt vi tappar siktet på grottan själv, av *det* som finns i överflöd, av den transparenta källan och kärlet, på slutet av alla insikter och vår sanna och eviga och naturlösa natur. De föds. Det oföds. De kommer och går, frodas och vissnar. Det förändras aldrig. De byggs på tankar och känslor. Det är fritt från dem. Inte ens den mest storslagna av dessa insikter, inte ens självursprungets kronunder är verkligt på så sätt att *det* är verkligt[13]. Och inget är för att fatta tag i eller hänga kvar vid. Ändå finns allt att ta i, en sak i taget, som den uppstår och med vördnad då vi bär ansvaret för dess ursprung vid precis rätt tid och rätt plats.

Faktiskt så finns inget slut på de stora insikter som stakar ut etapperna på Den huvudlösa vägen. Det är fortfarande långt kvar att färdas. Dessutom kommer det bli svårare—ett formidabelt hinder tornar upp sig...

---

13 Det grekiska egypterevangeliet åkallar den "självfödde perfekte, som inte är utanför mig", och Den tredelade traktaten talar om "den outsäglige" som "känner sig själv som han är, den som är värdig hans egen beundran, ära, stolthet och hyllning, eftersom han ger upphov till sig själv". Författarna till dessa passager var gnostiker som levde mellan år 100-300. Katoliken Angelus Silesius föreställde sig år 1657 Gud som något som "bevekande bugar till sig själv". Han är förunderlig eftersom "han vill att det som sker ska ske att det som sker är det han vill vara, utan ände och utan orsak".

(7) Barriären

Oavsett hur omvälvande upptäckterna i etapp (5) och (6) på vägen varit eller hur värdefulla de visar sig vara för livet, så kommer de till slut lämna resenären djupt otillfredsställd. Det återstår en värk och en oviss längtan. Trots all denna grundligt andliga "framgång" finns marker som fortfarande är obesökta, eller åtminstone inte tillräckligt utforskade. Det är ett mörkt och farligt land där monster bor och det går inte att gå runt det. Det är viljans och envishetens område. Här under allt det där självlysande klara vi är lurar det trotsiga egot i full gång, kanske kraftfullare än någonsin. Då har vi kommit till etapp (7) som kan se ut mer som en återvändsgränd eller *en barriär,* än vad det de facto är: en resans testlabb, en smärtsam men obligatorisk plats att passera.

Det kan vara en nedslående och kanske till och med en förkrossande upptäckt att det perfekt klara och nästintill vanemässiga seendet av *ingen-ting här,* uppbackat av all den uppmuntrande utveckling vi tidigare har märkt av, var blint för ett så massivt *någonting här,* det vill säga ens personliga och splittrande vilja. Det var som att ens öga (uppfattning) och huvud (tänkande) öppnades och för ljus att flöda in samtidigt som ens hjärta och inre fortsatte att vara åtminstone delvis stängt och mörkt. Det kan kännas som om man är halvt överlämnad, övre delen av kroppen helt och hållet medan den nedre protesterar som en vilde. Till viss del har den "högre" och mer medvetna regionen av hela personligheten blivit åtskild och avskild från de "lägre" och mindre medvetna nivåerna. (På så sätt kan ens tillstånd vara värre än för en "oupplyst person" som helt lever i berättelsen som sig själv som ett objekt och därmed slipper uppleva en smärtsam kluvenhet). Resultatet blir en ökande och oförklarlig mental påfrestning eller stress, kanske till och med djup depression med känslor av värdelöshet och meningslöshet. En ryslig tanke slår en: var all den där andliga "framgången" som ledde upp till det här hindret bara bortkastad tid, kanske till och med bedräglig och falsk?

Vi kan reagera på olika sätt. Djupt nedslagna kan vi vända tillbaka med en sorgesam känsla att den här vägen med rent seende inte är så rättfram ändå och att den är mycket svårare än den såg ut att vara. I så fall kan vi komma att lämna vår ökenstig och försöka med andra, mer populära och vackra motorvägar. Kanske bokar vi in oss på en eller annan av de många guidade andliga turer som finns att tillgå. Den här reaktionen är lika vanlig som lätt att förstå.

Ett mindre vanligt sätt att reagera är att sätta stopp här och börja använda och odla de ovanliga krafter eller *siddhi*[14] som man fått av in-seende eller huvudlöshet till

---

14 sanskrit för "superkraft" (övers. anm.)

egna fördelar, dock inte nödvändigtvis bara personliga. De kan till och med se vettiga eller till och med ädla ut, även om de faktiskt är egots konstruktioner. (Det finns ingen egotripp bättre än den andliga egotrippen! Djävulen själv har sagts vara den mest upplysta av alla änglar. Den enda andliga kvalitet han saknar är anspråkslöshet, att ge upp sig själv och sina vinningar. Det är förstås bara en myt, men en viktig sådan eftersom den visar oss hur djävulusiskt egot i oss är och hur det på nya sätt slingrar sig fram.) Till exempel finns fortfarande idag precis som förr varierande slag av talangfulla andliga adepter, mirakelgörare, trollkonstnärer, kanske ledare för större sekter som ibland har spektakulära men temporära framgångar. De utnyttjar då kontakten med *vem* de är till att framhäva vad de *inte är*, det vill säga deras falska jag, deras begränsningar, deras makt över andra. Kort och gott deras ego[15]. I värsta fall är det här vägen till "andligt självmord". I bästa fall ett lockande sidospår som avleder några huvudlösa resenärer en tid.

---

15 Kännetecknet för den sortens ledare är att i stället för att visa sina följare tillbaka till dem själva för att på så sätt ta ansvar för sina egna liv, så uppmuntrar de dem att se och lita på hen. Hen kanske förklarar att steget att lämna över tilliten till hen, den yttre gurun, bara är det första steget för att sen lämna över till den inre gurun, vår sanna natur senare. Men i praktiken visar sig att detta andra steg, som kräver rätt vändning vid rätt tillfälle, bara blir svårare och svårare att ta efter månader och år av ökad hängivenhet. Å andra sidan, om gurun då *verkligen* vill att lärjungarna ska bryta sig loss från hen så snart som möjligt och vända sig inåt mot sin egen självtillräcklighet så har hen sätt att hjälpa dem att göra det, men det får resultatet att kärleken och tacksamheten till gurun fördjupas ännu mer.

Kapitel 4

Den riktiga vägen ligger rätt in och till slut igenom barriären. I väst har den fått namnet *Själens dunkla natt*. Om den skriver experten Evelyn Underhill så här: "I den första reningen polerar själen sin uppfattningsspegel och således ser den under klara dagar verkligheten... Efter det måste den *vara* verkligheten och det är något helt annat. För att kunna göra det behövs en ny och än mer drastisk rening. Inte bara uppfattningsorganen måste renas men även helgedomen själv, själva hjärtat där personligheten bor, källan till dess kärlek och vilja." På ett sätt så är det här den verkliga början på *vägen*, det sanna andliga livet som inte är något annat än ett självöverlämnande och en självövergivelse vari man fullt ut åtar sig att delta i det som händer, att dö som separat och illusoriskt *ego* (jag är en *någon)* och återfödas som det enda och sanna egolösa Ego (Jag ÄR). Det kan förklaras som att alla andliga framsteg hittills bara var en förberedelse inför detta, den mest grundläggande och överlägset svåraste etappen på vägen som slutligen leder till genombrottet.

(8) Genombrottet

Här uppstår en djup avsiktsdeklaration. *Det är insikten, magkänslan som man säger, att ens djupaste önskan är att allt ska vara som det är—att se att allt flödar från ens sanna natur, den varsevarande rymden här.*

Hur sker egentligen det genombrottet? Vad kan man göra för att komma närmare det?

På ett sätt, ingenting. Det är inget man gör utan snarare upphör att göra, man ger upp, man överger den falska tron att det finns någon här att överge. Vad annars finns det att göra? När allt kommer omkring så var ju ens första inseende, oavsett hur kortvarigt eller grunt det var, redan det totala självöverlämnandet. Allting här försvann, eller snarare blev det uppenbart att det inte fanns något här att överge. Det var det nödvändiga kvanthoppet från berättelsen om egot i centrum till det faktum att inget finns i centrum. Och när allt kommer omkring så är ju det det trofasta dag-ut-och-dag-in-bevittnandet som vi redan har investerat i, bevittnandet att man är ingenting och allting, den mest värdefulla förberedelsen för upptäckten att ens vilja på djupaste nivå är ingenting och allting. När vi förstår det ser vi att livet alltid visar oss hur separata och personliga mål bara ger oss kortvarig tillfredsställelse, villfarelse, uttråkning och till och med avsky—det vill säga *om* vi till slut lärt oss livets kloka men ofta plågsamma läxa. Men om vi lär oss att ödmjukt säga *ja!* till våra omständigheter och aktivt vill delta i—snarare att vara passivt medgörliga inför—det som händer så uppstår en verklig och kvarvarande glädje (som i österns tradition kallas *ananda*).

Är det här genombrottet då ett steg bortom det uppenbara till det gömda, bortom det ordinära till det extraordinära, bortom det sekulära och självklara till någon esoterisk, mystisk och djupt gömd andlig plats? Kan vi ge upp ledstjärnan, det vill säga den barnlika tillit till *det som kommer,* det givna, som har guidat oss hittills på vår långa resa? Helt tvärtom. På den här sidan barriären ligger det *faktiska* hemlandet som heter Det ordinära, det Uppenbaras kungarike, eller Landet så här är det. På andra sidan, före genombrottet fördunklades, distorderades och gömdes det som fanns att se av våra begär. Även vår kärlek och vårt hat till det vi hade och trodde på tilläts invadera och snurra till vår centrala klarhet och göra oss blinda inför det verkliga! Hur ofta såg vi inte det vi ville se och lät våra intentioner ställa till det rejält för vår uppmärksamhet! (Två exempel på önskehallucinationer: så desperat ville jag matcha de kompletta människorna runt mig så att jag i decennier *såg* ett huvud på den här kroppen också. Av samma anledning trodde man när mikroskopet utvecklades på 1600-talet att man såg små utdragna människor när man började studera mänskliga spermier; man till och med avbildade dem så till en början.) *Före barriären eroderar envisheten det uppenbara, på den här sidan eroderar det uppenbara envisheten.* Barriären är inget annat än kulmen på försvarsförsöken i vårt ego, dess mest formidabla men desperata motstånd mot en utdragen attack av oundvikliga fakta. Det som gör att man övervinner den är mer och mer av samma realism, samma tacksamma vördnad för *Landet så här är det,* för det som kommer, för det påfallande uppenbara. I väst uttrycks genombrottet som vårt ovillkorliga och alltid pånyttfödda överlämnande till Guds vilja som visas oss genom *hur vi har det,* Guds vilja som syns överallt runt oss och inom oss i den skepnad den är klädd i för närvarande. *Såtillvida hans vilja blir vår vilja ser vi hans värld som den är. Och såtillvida vi ser den som den är så blir vår vilja hans och från våra hjärtan välkomnar vi allt som världen ger oss.* Kort och gott—*här* möts vårt seende och vår vilja och de blir ett. Självklart inte en gång för alla, utan i varje ögonblick i sänder så länge livet varar.

För att sprida närmare ljus på det som förenas i *vad vi får* och *vad vi vill ha*, så låt oss gå tillbaka till att citera Buddha igen. Här är ett utdrag från en av hans predikningar: "Nirvana är synligt i det här livet, inbjudande, tilldragande och tillgängligt för den vise lärjungen." Vad exakt är det "så synliga Nirvana"? I samma predikan beskrivs det som "friden, det högsta..., slutet för våra begär och att vända sig bort från önskan." Äntligen läks klyftan. Det finns inget sår som delar *intet* som det sår som *syns* tydligt från *intet* och som nu *känns* på djupet som ett ovillkorligt överlämnande av viljan. Eller för att upprepa Buddhas formulering—till slutet för våra begär.

Kapitel 4

Om vi tillåts prata om höjdpunkter som Buddha lovar att det är, så är det här den högsta upplevelsen av alla och den är oskiljaktig från den lägsta upplevelsen. Djup är höjd, eller läs det omvänt: oändlig förödmjukelse är den oändligt högsta härligheten. Total självförlust är total självuppfyllelse. Det här är att till slut få som man vill, genom att upphöra med alla undanflykter och vara dig själv. Den store kristne auktoriteten på självöverlämnande, Jean-Pierre de Caussade, skriver: "Om du överger all självkontroll, tar dina önskningar till deras bortersta gräns och öppnar ditt hjärta gränslöst, så finns inte ett enda ögonblick då du inte har allt du kunnat begära. Det innevarande ögonblicket innehåller oändliga rikedomar bortom dina vildaste fantasier."

För att balansera det hela kommer här en zenberättelse, identisk i innehåll men i kontrasterande i stil. En viss mästare hade en begåvad elev som hade kommit långt och han ville ge honom de avslutande detaljerna. Han beslutade att skicka eleven till en erkänd lärare som skulle kunna ge honom den sista zenupplevelsen, den värdiga kronan på verket. Till elevens stora förvåning visade sig den här största av lärare vara en fattig och sjuk gammal kvinna, som han inte kunde få fram en enda vettig lektion av. Men till slut blev allt uppenbart när hon sa: "Jag har inget att klaga på!"

De här berättelserna är mästerverk i mental nykterhet. Båda handlar om en välsignelse, den förståndiga, saliga och yttersta glädjen som hela tiden finns under ytan då vi rätt och slätt ser att vi inte har något huvud, ja inget ting alls. Vilken lång väg vi har färdats för att hitta skatternas skatt som vi bar på hela tiden!

Sammanfattning och slutsats

Vägen sätter huvudlöshet eller bevittnandet av varsevarandet som starten på det andliga livet. Redan från början är det "det sanna seendet, det eviga seendet" och det varken ersätts eller förändras under resans gång. Det ett vänligt ledljus som lyser upp alla etapper på vägen. Det är juvelen som får våra önskningar att gå i uppfyllelse, den enda vi har från början och som är undervärderad och skrämmande men som i slutet visar sig kärleksfullt ge oss allt vi ville ha. Eller: det är klippan som utgör grunden för byggandet av religioner, flervåningshus som alltid är under byggnation och som alltid är farligt nära att rasa. Antingen är det hjärta eller hjärna, antingen asketiskt eller sensuellt, antingen av en annan värld eller drunknande i politik och så vidare. Och till dess vi själva ställer oss på stengrunden kommer vi också alltid vara lite ur balans. Vi vinglar. Vi pendlar mellan extremer. Men igen (för metaforer för det som finns *här* tar aldrig slut)—det är livets bröd som trots att det inte smakar något är det vi får vår näring ur och dessutom ger stöd för livets ljuva, de andliga och mystiska nöjena som vi ibland får som välsmakande pålägg. Trots att de ofta saknas i vårt skafferi så tar som tur är aldrig brödet slut.

Och även om vi nu sagt det måste vi ändå skyndsamt repetera att i sig själv och om det inte följs upp av långtgående praktik och djup förståelse, plus (över allt annat) genom att överlämna sin egen egoiska personliga vilja, så kommer den första erfarenheten av huvudlöshet inte ge något. Det vi kan säga om den som isolerad upplevelse är att den aldrig i sig själv kan orsaka skada, även om den kan missbrukas—men—den kan kortvarigt öppna fönstret till evigheten! Och det fönstret som nu tappat sin hake kan mycket väl blåsa upp på vid gavel av Guds vind för att därefter förbli vidöppet. Vad vi är kommer att avslöjas för oss precis när det är dags—det kan vi lita på. En vacker dag syns det i all sin prakt och varma strålglans och med blossande tydlighet.

✶✶✶✶✶✶

Efterord

Låt oss anta att du vill fortsätta längs vägen. Då kan det hända att du ställer dig frågor som "Vart går jag nu?", "Var vänder jag mig för vidare guidning och uppmuntran? Finns det några stödgrupper jag kan gå med i?"

För en andlig rörelse som är minst lika levande och särpräglad som andra så har Den huvudlösa vägen en anmärkningsvärd avsaknad av organisation. Den liknar dem som går på den på så sätt att den också saknar huvud. Det finns ingen ledande auktoritet, ingen styrelse eller högkvarter, ingen personal som underhåller ett medlemsregister och ser till att avgiften är betald och som försöker följa några riktlinjer.

Anledningen till avsaknaden av struktur har inte att göra med någon slags ljummen inställning eller motvillighet till att sprida upplevelsen som den här boken handlar om. Tvärtom handlar det om det centrala i själva upplevelsen, att ytterst falla tillbaka på att lita på sig själv. Eller mer detaljerat, om den fyrfaldiga insikten att 1) sättet att leva faktiskt är att se efter och bevittna *vem* som lever, 2) att endast *du* kan se denne *vem*, 3) att in-seende sätter *dig* i första position av vad som faktiskt räknas, 4) att *din* väg därför inte passar något mönster som tillhandahålls ovanifrån, vare sig från den här boken eller en person eller ett system. Till exempel, även om inget av de åtta stegen som beskrivits kan hoppas över kan du mycket väl ta de senare av dem i en annan ordning och definitivt på ett sätt som är alltigenom ditt eget.

Sett från utsidan så ser en grupp huvudlösa figurer som alla gör sitt på sätt och vis ut som anarki och det kanske är en nackdel för all typ av organisation. Eller en fördel, eftersom organisationer kan ge upphov till problem som kan skymma sikten och till och med underminera allt det som de fanns till för att representera. Sett från insidan så är de världsliga erfarenheterna inte mycket värda ändå. Det vi bryr oss om är ändå inte världsliga ting utan endast det ingen-*ting* de kommer från; det odefinierbara som förminskar alla idéer om att skapa en karta och göra *något* av det till nonsens. Varför skulle man då starta en grupp eller en falang som delar upp oss i en "inre krets" av upplysta och en "yttre ring" av förvillade? Gruppen skulle ju ändå ha som mål att kommunicera att det inte finns någon uppdelning, att inom oss är "ni ändå vi" och att vi alla är precis lika upplysta redan. Sanningen är att Den huvudlösa vägen ändå inte är ett sätt att ta sig någonstans. Allting som våra hjärtan någonsin önskat har funnits här hos oss från början. Det utgör en tydlig skillnad mot de discipliner och kurser som tar ut regelbundna avgifter och där någon slags leverans förväntas en vacker dag.

Efterord

Och med det kommer en institution som sätter regler och administrerar hela verksamheten. Vem skulle ändå vilja gå med i något organiserat och betala pengar för att få en nödvändig utbildning för något vi redan ser? Vi har det också redan i full mängd, kondenserat och blandat och i överflöd.

Alltså är vårt överliggande syfte, bevittnandet och livet från intighet med nödvändighet organisationsresistent. Självklart får vi i övrigt gå med i vilka föreningar vi vill. Eftersom vi på så sätt inte har en egen "kyrka" så blir vi inte heller någon större utmaning för andra och förhoppningsvis blir vi då också mer öppna för att lära av dem och bidra till dem. Det ska sägas att några av våra huvudlösa vänner tycker att det hjälper att tillhöra en mer etablerad religion eller ett religiöst liknande sammanhang. Till slut är den huvudlöse ändå den *ende* och ser sig själv som *allena* och möter sitt allenavarande. På denna nivå finns inga andra.

Samtidigt, om vi nu går till nivån där andra existerar, så kan det vara en utmaning att fortsätta bevittnandet på egen hand för svårigheten att gå vägen själv ska inte underskattas. För majoriteten av oss som är fångade i det här vågade och spännande äventyret, så är sällskap av andra äventyrare ovärderligt. På så sätt vore det orealistiskt, ja ännu värre oansvarigt och inte särskilt omsorgsfullt om vi skulle uppmuntra folk att ta budskapet i den här boken till sitt hjärta utan att följa upp det med allt tänkbart stöd som tillåts. Så faktum är att vi har en del att erbjuda läsare som är bestämda att fortsätta:

Först och främst så finns det omtänksamma vänner, ett otvunget informellt utspritt nätverk av bevittnare som använder alla medel för att behålla kontakten. För det andra så finns viss hjälp att få genom webbplatsen www.headless.org. För det tredje, förutom den stora, värdefulla och ständigt ökande mängden mystisk litteratur i världen (mystisk på så sätt att den pekar mot vår sanna identitet), så finns det ett mindre antal andra böcker och hjälpmedel från författaren. För det fjärde och sista, även om huvudlösa vänner visar sig vara svåra att finna så är de inte svåra att lära känna. Bevittnandets tillstånd trots allt motstånd, smittar och är unikt kommunicerbart. Och i vilket fall som helst, ett av de bästa sätten att själv fortsätta bevittna är genom att föra det vidare.

Men i slutändan så gör alla sådana hänsyn och påhitt marginell nytta. Även om många individer hjälper varandra så är det inte som människor vi lär oss att se vem vi verkligen är; det är snarare som det sägs i upanishaderna "som den ende bevittnaren i alla varelser". Självseende är ett privilegium och en specialitet för den ende och till sist ser alla våra försök att hjälpa det på traven ganska komiska

Efterord

ut oavsett om de är organiserade eller kaotiska.

För att upprepa vår första fråga då, "Vart går jag nu?" Svaret är: ingenstans. Låt oss stanna precis här och se och vara den som är självklarhetens själv och möta följderna av det. De kommer utan tvivel vara bra.

Bibliografi

Böcker av Douglas Hardings som har publicerats av The Shollond Trust:
The Hierarchy Of Heaven And Earth. A new diagram of man in the universe.
Religions of The World. A handbook for the open-minded / Världens Religioner, en handbok för den vidsynte (översatt till svenska av Olof Rehn, Axel Wernhoff & Gustaf Rehn)
The Science Of The 1st Person. Its principles, practice and potential.
Look For Yourself. The science and art of Self-realisation.
The Little Book Of Life And Death.
Head Off Stress. Beyond the bottom line.
The Trial Of The Man Who Said He Was God.
To Be And Not To Be, That Is The Answer.
The Spectre In The Lake.

e-böcker av Douglas Harding som har publicerats av The Shollond Trust:
The Hierarchy Of Heaven And Earth. A new diagram of man in the universe.
The Science Of The 1st Person. Its principles, practice and potential.
Look For Yourself. The science and art of Self-realisation.

The Little Book Of Life And Death.
Head Off Stress. Beyond the bottom line.
The Trial Of The Man Who Said He Was God.
To Be And Not To Be, That Is The Answer.
The Turning Point
The Hidden Gospel
Visible Gods
Just One Who Sees (poesi)
The Hierarchy Of Heaven And Earth, originalmanuskript.
(finns att ladda ned från *www.headless.org* som PDF.)

Översättarens kommentarer

Om översättningen

Beslutet att översätta *On Having No Head* till svenska kom slutligen i början av 2023 då jag hade en längtan att göra något vid sidan om mitt ordinarie jobb som ingenjör. Jag hade varit bekant med Douglas Harding sedan 2011 som en del av mitt eget andliga sökande och jag hade gjort en första provöversättning av första kapitlet kort därefter. Huvudlöshet var något jag ville förstå fullt ut och jag fann Hardings engelska något för invecklad för att kunna läsa boken på ett "flytande sätt"—han skriver med ganska komplicerade meningar, instuckna bisatser, parenteser, tillägg med semikolon och så vidare. Därför började jag översätta för att reda ut det. Flera år senare startade jag på riktigt och jag är nu mycket nöjd med att vara klar.

I viss mån har jag behållit Hardings skrivsätt för att inte helt lämna hans stil. Ibland har det blivit väl komplicerat ändå och jag har förenklat genom att stycka upp och upprepa de subjekt eller objekt det talas om. Jag tycker det ger en något lugnare och en därmed mer lättläst framtoning. Vid ett fåtal tillfällen har jag utelämnat vissa bisatser som radar upp ytterligare exempel, nästan tautologiskt och därmed mest komplicerar läsbarheten och förståelsen.

Författaren var en man av väldigt systematisk natur. Han har därför en förkärlek för punktlistor och likt en vetenskapsman försöker han gå igenom allt, punkt för punkt tills allt är med. Detta har behållits och i viss mån också förtydligats. Hardings språk förändras genom boken, inte minst då den är skriven under två olika årtionden. Berättarperspektiv och tempusskiftningar varierar, ibland är språket målande och poetiskt, ibland eldigt, ibland blir det intrikat som en teoretisk filosofs och ibland rekursivt som en programmerares lösning som kanske är mer elegant än den är lätt att förstå och underhålla. Jag har ändå försökt få till en text med så mycket flyt och läsbarhet som möjligt, utan att förvränga vad Harding vill kommunicera eller dess andemening. I viss mån är texten anpassad till 2020-talet, men tiden författaren levde på samt hans ibland akademiska framtoning har färgat av sig så att texten även har en något äldre karaktär.

Ordval och skrivsätt

Det "andliga språket" är inte riktigt lika utvecklat på svenska som det är på engelska. Jag har läst flera svenska översättningar av modern andlig litteratur, t.ex. Eckhart Tolle, Byron Katie och Adyashanti och val av ord på svenska skiljer även något mellan dem. Det ska sägas att den andliga terminologin inte är enhetligt definierad på engelska heller; detta är ju inte matematik och inte heller

Översättarens kommentarer

finns någon arbetsgrupp som jobbar med nästa utgåva av ISO-standarden "Framework for spiritual communication" (men tänk vad spännande det hade varit att sitta med i den—hade vi någonsin kommit fram till första versionen?) I sakens natur ingår ju att det liksom inte finns någon yttre auktoritet som någonsin kan definiera terminologin ändå—andlighet är av naturen subjektiv. Det är därför omöjligt för mig att förstå Hardings ord på annat sätt än enligt den mening de har för mig själv; den som har formats under min egen andliga resa. Jag har ändå försökt vara så exakt och konsekvent jag bara kan.

Jag vill kommentera några ord jag har valt på svenska. Ett av de viktigaste orden i boken är *awareness*. Här har vi i Sverige fått tacksam hjälp av Björn Natthiko Lindeblad som myntade och själv flitigt använde ordet 'varsevarande'. Han satte elegant ihop det av två ord som redan finns i svenskan till att peka på exakt det det handlar om. Jag vill gärna hedra Björns minne genom att använda och bidra till att etablera ordet. Man kan tro att 'medvetande' hade kunnat användas för *awareness* men det skiljs i boken tydligt på *awareness* och *conciousness* (som här konsekvent översätts till 'medvetande'). Enkelt uttryckt kan man säga att medvetenhet har med vår självmedvetenhet att göra— att vi förstår att vi är—medan varsevarandet är det som ligger bakom och uppfattar att man är medveten.

För Den huvudlösa vägen är *see* och relaterade ord

seeing, seer, in-seeing viktiga. Här har jag valt att oftast översätta *Seeing* (Harding skriver det med stort S) till 'bevittnande' och *Seer* till 'bevittnaren'. Jag tycker 'seende' och 'den seende' inte känns rätt och att 'bevittnade' faktiskt pekar tydligare mot vad det handlar om (även om motsvarande ord på engelska kanske hade varit *witnessing*). Ibland använder jag dock 'seende' där det passar, t.ex. i citat. Och när Harding skriver *in-seeing* tycker jag det är viktigt att särskilja, så det blir 'in-seende' eftersom 'in-bevittnande' inte fungerar alls.

Det kanske svåraste ordet att översätta är ordet *mind*. En del går så långt att de på svenska säger mindet ("majndet") för att särskilja det. Jag gillar inte det, så jag har här helt valt att gå på 'sinnet' (ibland översätter jag det även till 'tankar' när det ligger närmare). Sinnet (till skillnad från våra fem sinnen) representerar våra tankar, tankeprocess, vårt språk, vår analytiska förmåga, vårt minne, vår förmåga att blicka bakåt och lära oss av det som har hänt och vår förmåga att försöka förutsäga framtiden med hjälp av detta (vilket är det som skiljer människan från övriga levande varelser).

Även ordet *capacity* har viss betydelse. Jag tycker inte att 'kapacitet' i traditionell svensk mening helt speglar hela innebörden i det engelska ordet. Men det är ett bra ord och i texten införs det som en symbol för betydelsen: "vi är, vi kan och vi har plats för allt".

Översättarens kommentarer

Några ord till: *void* blir 'tomrum', medan *emptiness* blir 'tomhet'. *Nothingness* blir 'intighet', *being* blir 'varande'. För *self-inquiry* skriver jag 'självutfrågning' (jag vågar inte ännu introducera infrågning som någon föreslog...)

I traditionell svensk text skriver vi Gud med stort G och det har en stark kristen kulturhistorisk koppling naturligtvis. Eftersom Harding levde i 1900-talets Storbritannien med närvaron av The Church of England så kan man inte tro annat än att det var ännu viktigare för honom att kapitalisera ordet. Jag har behållit Gud så snart som det refereras eller underförstått refereras till kristendomens Gud, i övrigt används gud. Genomgående använder Harding kapitalisering för att ge vissa viktiga ord extra värde, men det passar inte alls i svenska (och inte på engelska heller enligt min smak, även om det nog är konvention där) och jag har i stället valt att flitigt använda kursivering både för att skapa betoning i meningarna och för att framhäva vissa viktiga ord.

Översättning av citat och namn

Boken innehåller många citat av forntida, medeltida och en del samtida lärömästare och författare. Jag har inte haft resurser nog att gå till källorna för dessa utan valt att översätta dessa från engelska till svenska. Här finns naturligtvis en risk för att ursprungsbetydelsen glider. Det är inte riktigt vad jag önskar, men jag har inte så mycket val. Detta har också fått till följd att vissa stavningar, speciellt sydostasiatiska namn kan ha fått stavning av engelsk stavningskonvention, medan andra kan ha fått den etablerade svenska stavningen i den mån jag kan dem, eller har hittat dem.

Religiöst språk, samtidsuttryck och genusneutralt språk

Det är tydligt att Douglas Harding kommer ur en kristen tradition och det är inget han stack under stol med trots att han i 20-årsåldern bestämt lämnade sina föräldrars och familjs religiösa sammanhang. Men Hardings ursprung färgar naturligtvis hans språk. Därutöver avspeglar sig hans samtid på så sätt att han sig knappast uttrycker sig särskilt politiskt korrekt i förhållande till vad vi hade sagt idag. Jag har stor mån behållit Hardings sätt att skriva och uttrycka sig. Men när det gäller att använda 'hen' i stället för 'han' har jag gjort ett aktivt val. Jag är för införandet av 'hen' av flera skäl i svenska språket och det är dessutom redan här för att stanna. Det kan kännas ovant för kanske speciellt äldre generationer läsare (en grupp som jag som 51-årig vit svensk man också tillhör), medan de yngre knappast märker av det alls. Hade jag behållit 'han' skulle antagligen de yngre i stället reagera och jag vill gärna att översättningen ska hålla en bit framåt i tiden. Å andra sidan är min text ändå något äldre i stilen och visst finns det tendens till ett stilbrott. Men Harding hade knappast

Översättarens kommentarer

invänt, han var nog så pass radikal att han hade gillat det. Dessutom smyger han in stilbrytande ord och uttryck själv då och då. Jag är själv inte ute efter några genuspolitiska ställningstaganden här, men däremot finns det en poäng med att 'hen' ytterligare bidrar till att peka på att vi alla är lika i vår huvudlöshet: vi har varken ålder, etnicitet, social tillhörighet, bildningsgrad, intelligens eller kön där. Dock tar jag det inte längre än att historiska personer som refereras till som biologiska män får behålla sitt kön som genus, precis som i originaltexten. Även i citaten har jag behållit det, eftersom jag här som nämnt inte översätter originalspråket och jag vill inte riskera införa att avvika för långt ifrån det. Hela avsnittet där Harding själv har ett "samtal med gud" refereras också gud till som 'han' då det är så Harding själv hade pratat.

Tack

Tack Shollond Trust och Richard Lang för att du trodde på idén och det stöd du gav mig, Stephen Mitchell för översättningsteknikaliteter och brutala sanningar samt bägge för hjälpfulla svar om engelska betydelser, kulturella referenser och vissa formuleringar. Tack Bengt Renander för det fina förordet (och för din inspirerande podd). Jag tänkte direkt på Bengt (och hans kaffekopp) och hoppades på att han ville skriva förordet då jag läste Hardings mening

"Upplevelsen är lika simpel och obestridlig som att höra ettstrukna C eller att smaka på jordgubbssylt". Tack till mina granskare, Linnéa Lindau, Kjell Nilsson och Susanne Andreasson Nilsson, som bidragit med ovärderliga synpunkter. Och till min ordinarie arbetsgivare Aptiv i Göteborg för att jag omedelbart beviljades tjänstledighet och speciellt till min fantastiske chef Adrian Axelsson som alltid är på min sida. Slutligen naturligtvis till min familj, närmast bestående av Kristin Huldén, Hedvig Dahle Huldén och Sadaf Saremi, vill jag uttrycka min tacksamhet och kärlek för er förståelse för mitt projekt.

Pål Dahle, Mjölkeröd i norra Bohuslän i januari 2024.

Jag tar tacksamt emot kommentarer och frågor på e-postadressen *contact.pal@dahle.se* som jag givetvis kommer läsa och svara på.

www.ingramcontent.com/pod-product-compliance
Lightning Source LLC
Chambersburg PA
CBHW070458100426
42743CB00010B/1666